本书受国家自然科学基金青年项目（72002173）

中央高校基本科研业务费项目（JBK2001010）的资助

选择性监管及其经济后果研究

——来自沪深交易所年报问询函的证据

胡　宁 | 著

北京

图书在版编目（CIP）数据

选择性监管及其经济后果研究：来自沪深交易所年报问询函的证据 / 胡宁著 . —北京：人民日报出版社，2021. 1

ISBN 978 - 7 - 5115 - 6651 - 5

Ⅰ. ①选… Ⅱ. ①胡… Ⅲ. ①证券市场—市场监管—研究—中国 Ⅳ. ①F832. 51

中国版本图书馆 CIP 数据核字（2020）第 214641 号

书　　名： 选择性监管及其经济后果研究：来自沪深交易所年报问询函的证据
XUANZEXING JIANGUAN JIQI JINGJI HOUGUO YANJIU LAIZI HUSHEN JIAOYISUO NIANBAO WENXUNHAN DE ZHENGJU
作　　者： 胡　宁

出 版 人： 刘华新
责任编辑： 蒋菊平　徐　澜
封面设计： 中联学林

出版发行： 人民日报出版社
社　　址： 北京金台西路 2 号
邮政编码： 100733
发行热线： （010）65369509　65369846　65363528　65369512
邮购热线： （010）65369530　65363527
编辑热线： （010）65369528
网　　址： www. peopledailypress. com
经　　销： 新华书店
印　　刷： 三河市华东印刷有限公司
法律顾问： 北京科宇律师事务所　（010）83622312

开　　本： 710mm × 1000mm　1/16
字　　数： 213 千字
印　　张： 13
版次印次： 2021 年 1 月第 1 版　　2021 年 1 月第 1 次印刷

书　　号： ISBN 978 - 7 - 5115 - 6651 - 5
定　　价： 85. 00 元

胡宁博士的著作以交易所的年报问询制度为切入点，探讨了中国证券监管过程的政治倾向问题。他发现中国沪深交易所在考虑监管问询时，会受到政治环境的影响进而造成选择性问询，同时这种选择性问询又能够被投资者解读消化。我尤其喜欢文章背后所隐含的证券市场监管者和投资者之间对于选择性问询的“默契”行为。这种默契反映了资本市场背后的政治经济体制对其信息披露制度和信息环境的影响。本书为研究中国资本市场的经济制度提供了新颖的视角和宝贵的证据，我非常乐意推荐给对中国资本市场制度和公司治理感兴趣的高校研究人员和博士研究生。

——美国南加州大学　黄德尊（Tak - Jun Wong）　马歇尔商学院讲席教授

信息问题是资本市场的建制核心，嵌入一国制度体系。胡宁博士的专著《选择性监管及其经济后果研究——来自沪深交易所年报问询函的证据》从管制内生的视角，通过对政府监管与公司行为相互关系的经验分析，对我国资本市场信息问题的制度阐释进行了较为有益的探索！

——上海财经大学　李增泉　教育部长江学者特聘教授

问询函机制是当前交易所一线监管极为重要的一环。胡宁博士借助产权经济学的分析工具，深入探究国家顶层制度设计如何影响监管问询行为及其经济后果。其专著《选择性监管及其经济后果研究——来自沪深交易所年报问询函的证据》不仅丰富了对中国情境下监管过程及其效果的认知，其发现对于推动我国证券交易所不断提升监管效率和效果具有重要启示意义。

——复旦大学　吕长江　教育部长江学者特聘教授

在我国股票市场发展30年的进程中，证券监管的理念、功能、方式方法等不断演变，具有明显的问题导向特征。胡宁博士的专著《选择性监管及其经济后果研究——来自沪深交易所年报问询函的证据》，以我国交易所监管问询函作为研究对象，在国家政策层面视野下考察交易所选择性监管行为及其经济后果，深化了我国证券监管的政治经济学理解，为证券监管提供了中国情境下的本土化知识。

——重庆大学　辛清泉　教育部长江学者特聘教授

前　言

信息披露制度是各国证券市场制度的重要组成部分，上市公司的信息披露质量与资本市场的稳定以及投资者的权益保护息息相关。我国资本市场信息披露质量监管是否有效，一直是理论界和实务界关心的一个重要问题。2011 年 9 月，在借鉴国外经验的基础上，沪深交易所就上市公司信息披露方式进行结构化调整，通过试行信息披露直通车制度将年报信息披露监管工作的重心从事前实质性审核转向事中及事后问询，并从 2014 年年底开始在其官网集中对年报信息进行事后问询和披露。

国外已有关于年报意见信（Comment Letter）的研究主要关注具有什么特征的公司更可能收到意见信。部分学者发现，规模小、成立久、盈利水平低、经营业务复杂、内部控制差的公司更可能收到意见信。（Ettredge et al.，2011；Cassell et al.，2013）然而上述研究仅从财务业绩和治理特征视角回答哪些因素会增加企业收到年报意见信的可能性。但是在政府力量占重要地位的中国，交易所年报问询函与美国 SEC 意见信在问询选择上可能存在系统性差异。根据产权经济学的研究范式，中国沪深交易所在考虑监管问询时，除公司业绩和治理特征外，更可能融入中央顶层设计要素，进而造成选择性问询。

本书以中国沪深交易所年报问询机制为背景，借助产权经济学分析工具，考察交易所在年报监管过程中是否存在选择性问询。进一步地，本书在选择性问询背景下考察市场投资者对不同类型年报问询函的市场反应。最后，本书从公司治理缺陷以及会计财务行为扭曲的角度考察问询错配带来的经济后果。

具体地，本书以国家产业政策以及反腐败为切入点，考察交易所在年报问询中是否存在选择性监管。研究结论表明：在控制公司业绩和治理特征的基础上，公司所处行业特征和地区腐败特征显著影响了交易所问询函的发函决策，即受国家产业政策支持的行业公司收到年报问询函的概率更低，而注册地发生省部级高级官员落马的公司则面临更高的年报问询概率。进一步地，同样是收到年报问询函，产业政策支持的行业公司收到年报问询问题数量更少，而注册地发生高级官员落马的公司被问询的问题更多。这说明，中国交易所在年报问询决策过程中确实存在选择性。

其次，本书进一步考察选择性问询背景下市场投资者对不同类型年报问询函的市场反应，以验证中国市场投资者融入监管选择后的信息解读能力。研究结果表明，整体来看，收到问询函的公司在事件日前后的超额累计回报显著为负，沪深交易所年报问询函具有信息含量。进一步地，在选择性监管问询背景下，同样是收到年报问询函，产业政策支持的行业公司以及未出现高级官员落马地区的公司因可能存在更为严重的问题，市场负向反应更为显著。说明，在解读不同的年报问询函时，中国投资者消化了监管问询的选择性，该问题的探讨有助于更深刻地理解中国市场信息解读能力和市场运行机制。

进一步地，监管选择性意味着，那些信息披露质量较差公司的相关行为得不到及时地披露和纠正，使投资者和其他利益相关者因面临较高的信息不对称可能蒙受损失。研究发现，那些存在潜在披露问题却没有被监管问询的公司，其未来第一类和第二类代理问题更为严重，表现为管理层薪酬业绩敏感性更低以及大股东"掏空"公司更严重，并且上述现象在产业政策支持行业和未出现高级官员落马地区更严重。

最后，从长期来看，年报信息选择性监管导致的错配必然会反映到企业的会计和财务行为中，进而损害股东和债权人等利益相关者的权益。本书基于激进盈余管理和投资非科学性两个角度考察其经济后果。结果发现：那些存在潜在披露问题却没有被监管问询的公司更可能出现激进的盈余管理、投资与投资机会敏感度差等不良经济后果，并且上述现象在产业政策支持行业和未出现高级官员落马地区更严重。

本书的研究兼具一定的理论意义和实践意义。在理论意义方面，首先，已有关于选择性管制的研究多停留在初步揭示选择性执法存在性方面（Chen et al.，2011；Leuz and Wysocki，2016；张春霞等，2013；许年行等，2013；张敏等，2017），对选择性管制带来的经济后果关注不足，本书试图构建一个选择性管制及其错配经济后果研究的一般性框架，以弥补已有文献的缺失。其次，本书基于中国特殊的制度背景，借助产权经济学分析工具，一定程度上打开了交易所年报问询行为决策的黑箱。具体地，已有关于选择性监管的文献主要从监管效率和监管寻租两个维度展开，本书发现，在转型市场，监管部门在监管过程中更可能融入中央顶层设计，因而从政治（政策倾斜以及政治成本）角度拓展了选择性监管相关文献研究。再次，在验证监管选择性之后，本书从问询函发出时异质性的市场反应角度进一步丰富了转轨经济中市场投资者信息解读能力。最后，本书从市场反应和问询错配角度丰富及拓展了交易所作为一线监管部门对中国证券市场监管效果的研究。在现实意义方面，本书提出的证券交易所年报选择性问询的结论，对于我国证券交易所不断提升监管效率和效果、助推证券市场稳定以及加强投资者权益保护起到一定的积极作用。同时，已有文献对我国证券交易所年报问询机制缺乏较为系统的研究，本书的研究有助于学术界和实务界更好地认识证券交易所年报问询机制的活动特征。

感谢国内外在本书相关领域较早进行研究的学者们，他们的研究思路和研究结论对本书各个章节的思路起到了重要的启发作用，也使得我有此机会站在巨人的肩膀上将这些思考得以凝练并进行拓展性研究。需要说明的是，本书的出版凝结了导师靳庆鲁教授和主要合作者薛爽教授的心血。本书每个章节使用的数据，包括问询函文本内容数据化等，均源自作者及合作者的收集，没有这些基础数据，本书的研究贡献将大打折扣。此外，还要感谢博士生黄婉以及本科生魏虎跃对书稿进行的认真且细致的校对工作，感谢学院领导及人民日报出版社编辑部老师的大力支持。

当然，限于作者研究水平，书中难免存在疏漏，还请读者不吝指正！

胡宁

2020 年 6 月

目　录
CONTENTS

第一章

引言

第一节　研究动机和意义

与许多海外国家“先松后紧”的改革政策相比，当前中国政府正强调“去政府化、去行政化，让市场力量发挥”的改革策略。传统的信息披露事前审核制度不利于市场信息效率的提升和上市公司主观能动性的发挥。在上述背景下，沪深交易所2011 年9 月就上市公司信息披露方式进行重大改革，在借鉴美国、澳大利亚等国监管经验的基础上，试行了信息披露直通车制度，将年报信息披露监管工作的重心从事前实质性审核转向事中及事后问询。根据《信息披露直通车业务指引》相关规定，信息披露直通车是指，“上市公司按照业务规则的规定，将应该对外披露的信息公告通过交易所技术平台直接提交给指定披露媒体，交易所进行事后审核的信息披露方式”。这将进一步促进上市公司树立市场化运作理念，强化上市公司的披露责任，促使市场主体归位尽责。其特点为：过程全自动化、无任何人工干预、披露效率提高。证券交易所问询机制主要包括常规问询（如年报、半年报问询）和重大事项问询（如并购重组）。考虑到上市公司年度财务报表事项潜在的“猫腻”和风险，交易所会向上市公司发出问询函，要求其对问询函涉及的相关问题进行详细解释、补充说明或者进行错误更正。上市公司需要根据年报问询函的内容及时做出相应的回函。

相较于之前，我国证券交易所监管特征呈现出如下新特点：(1) 大力推进监管转型，提升监管透明度；(2) 发挥一线监管职能，不断提升监管反应速度和监管专业性；(3) 以投资者需求为导向，不断创新信息披露方式。目前，针对上市公司信息披露中出现的突出问题，沪深交易所均建立了重大事项（如并购重组）问询函、定期报告（如年报、半年报、季报）问询函等监管函件及公司回复说明的对外公开披露机制，充分发挥了一线监管部门的主动性、针对性和高效性，为扎实推进监管角色转型，合理引导市场力量发挥合力，提高信息披露监管效率和效果奠定了良好的基础（高佳楠，2017）。

国外已有关于年报意见信的研究主要关注具有什么特征的公司更可能收到意见信。部分学者发现，规模小、成立久、盈利水平低、经营业务复杂、内部控制差的公司更可能收到意见信。(Ettredge et al.，2011；Cassell et al.，2013）然而上述研究仅从上市公司业绩和治理特征的视角回答哪些因素会增加企业收到年报意见信的可能性。但是在政府力量占重要地位的中国，交易所年报问询函与美国 SEC 意见信在问询选择上可能存在系统性差异。张育军①（2003）认为，转型中国证券市场的监管能力和监管效率不仅取决于市场制度建设和监管架构的设计，而且在很大程度上取决于市场运行所赖以存在的社会环境、产权结构、政策目标等诸多因素。根据产

① 历任深交所党委书记、上交所总经理、中国证券监督管理委员会主席助理、党委委员等职。

权经济学的研究范式（Wong，2016；李增泉，2017），中国交易所在考虑监管问询时，除公司业绩和治理特征外，更可能融入一些其他考量要素（如国家顶层设计意志），进而造成选择性问询。基于此，本书借助沪深交易所年报问询机制，选取2015—2017年收到证券交易所年报问询函的企业为研究样本，以国家产业政策以及反腐败为切入点，考察交易所在年报问询中是否融入了中央顶层设计意志，进而造成选择性监管。在考察市场对不同类型年报问询函的市场反应之后，本书从公司治理和会计财务行为角度考察问询错配带来的不良经济后果。

本书的研究兼具学术贡献与实践价值。学术贡献主要体现在以下五个方面：第一，已有关于选择性管制的研究多停留在揭示选择性执法存在性方面（Chen et al.，2011；Leuz and Wysocki，2016；张春霞等，2013；许年行等，2013；章铁生等，2016；张敏等，2017），对选择性管制带来的经济后果关注不足，本书试图构建一个选择性管制及其错配经济后果研究的一般性框架。第二，已有关于年报问询函的文献仅从上市公司业绩和治理特征视角回答哪些因素会增加企业收到年报问询函的可能性（Ettredge et al.，2011；Cassell et al.，2013）。根据产权经济学的研究范式，交易所在考虑监管问询时，除公司业绩和治理特征外，更可能融入中央顶层设计意志，进而造成选择性问询。因此，本书在一定程度上打开了交易所年报问询行为决策的黑箱，丰富了中国情境下年报问询函影响因素的研究。第三，现有文献表明，监管对象的政背景、经济水平和证券市场的发展阶段会影响证监会选择性监管行为（戴治勇和杨晓维，2006；Chen et al.，2011；Chen et al.，2012）。本书发现，在转型中国，监管部门在监管过程中更可能融入中央顶层设计意志，因而从政治（政策倾斜以及政治成本）

角度拓展了选择性监管相关文献研究。第四，给定问询函存在选择性，在解读不同的年报问询函时，中国投资者是消化了问询的选择性还是产生了过度的反应是一个值得探讨的问题。因此，本书进一步丰富和拓展了选择性问询背景下市场投资者对不同类型年报问询函解读能力的文献。第五，已有关于政府监管有效性的研究主要集中于考察证监会（发审委）等中央部门监管效力（Chen et al.，2011；李敏才和刘峰，2012），仅有的关于沪深交易所治理有效性的研究亦未能得出一致的结论（朱伟骅，2003；陈工孟和高宁，2005；黎文靖，2007）。本书从问询机制角度拓展交易所治理有效性的研究，有助于全面揭示交易所一线监管效应。此外，本书的研究亦具有较强的现实意义。本书提出的证券交易所年报选择性问询的结论，对于我国证券交易所不断提升监管效率和效果、助推证券市场稳定以及加强投资者权益保护起到一定的积极作用。同时，已有文献对我国证券交易所年报问询机制缺乏较为系统的研究，本书的研究有助于学术界和实务界更好地认识证券交易所年报问询机制的活动特征。

第二节　研究问题的提出

本书主要包括四个模块。模块一（第四章）借助产权经济学这一分析工具，将国家产业政策以及反腐败等因素纳入交易所问询决策函数之中，探索交易所在年报监管过程中是否存在选择性问询。在此基础上，模块二（第五章）着重于考察在选择性问询背景下市场投资者对不同类型年报问询函的信息解读能力，模块三（第六章）和模块四（第七章）分别从公司治理缺陷以及由此带来的会计财务行为角度考察选择性问询带来的错配经济后果。以选择性监管贯穿全书，沿着“年报选择性问询—市场信息解读—问询错配经济后果”的逻辑链条展开研究。

一、年报问询函选择性问询

国外已有关于年报意见信的研究主要关注具有什么特征的公司更可能收到意见信。部分学者发现，规模小、成立久、盈利水平低、经营业务复杂、内部控制差的公司更可能收到意见信。（Ettredge et al.，2011；Cassell et al.，2013）然而上述研究仅从上市公司业绩和治理特征视角回答哪些因素会增加企业收到年报意见信的可能性。但是在政府力量占重要地位的中国，交易所年报问询函与美国以及澳大利亚等国 SEC 意见信在问询选择上可能存在系统性差异。根据产权经济学的研究范式，中国交易所在考虑监管问询时，除公司业绩和治理特征外，更可能融入中央顶层设计意志，进而造成选择性问询。具体而言，在模块一（第四章）中，本书以交易所年报问询为背景，借助产权经济学分析工具，以国家产业政策以及反腐败为切入点，考察交易所在年报问询中是否存在选择性监管。

二、选择性问询下市场信息解读能力

已有关于我国交易所一线治理效果的文献并未得出一致的结论。黎文靖（2007）以我国沪深交易所建立的诚信档案中被谴责公司为样本进行实证检验，发现被谴责公司会计信息质量在之后年度有一定程度的提高，但作用效果并不十分显著。陈工孟和高宁（2005）研究发现，在上市公司违规处理事件中，公开谴责、警告和罚款的处罚方式均会为股票带来负的累

计异常收益（CAR），但公开批评这一方式几乎不会对市场产生任何影响。而朱伟骅（2003）则发现，我国证券交易所的公开谴责公告没有显著性地达到预期惩戒的作用。那么，以证券交易所年报问询函为代表的交易所治理有效性，成为本书研究的另一话题。具体地，模块二（第五章）考虑如下问题：（1）以交易所问询函为代表的事后方式是否具有信息含量？即市场是否认可交易所的监管功能？（2）第四章的理论分析和实证检验表明，交易所在问询函出具决策过程中融入了国家产业政策和反腐运动进行考量，即考察市场对不同类型（产业政策支持组与非产业政策支持组，高级官员落马组和非高级官员落马组）问询函是否存在异质性的反应。

三、选择性问询、错配与两类代理问题

如果监管部门实施同一化监管，即所有企业的信息披露违规行为被问询的概率相同，资源会更多地流向信息披露质量更高的企业，进而提高全社会资源配置的效率。相反，如果监管部门实施差异化监管，即企业的信息披露违规行为被问询的概率存在系统性差异（主要表现为监管执行不足），这意味着，那些信息披露质量较差的公司其行为得不到及时地披露和纠正，使投资者和其他利益相关者因面临较高的信息不对称而蒙受损失。模块三（第六章）从两类代理问题视角考察年报信息选择性监管带来的错配后果，即考察那些应该被问询却没有被问询公司未来两类代理问题是否严重。进一步地，本书探究上述因问询选择性带来的错配效应是否反映在问询选择当中。

四、选择性问询、错配与公司会计财务行为

模块三（第六章）从弱化的公司治理以及两类代理问题视角考察年报

信息选择性监管带来的错配后果。从长期来看，年报信息选择性监管导致的错配必然会反映到企业的财务和会计行为当中，进而损害股东和债权人等利益相关者的权益。模块四（第七章）进一步从公司激进的盈余管理以及投资非科学性两个视角对选择性监管导致的错配经济后果进行考察。进一步地，本书探究上述因问询选择性带来的错配效应是否反映在问询选择当中。

第三节 研究结论和主要贡献

一、研究结论

政府既可以通过财政政策、金融政策、货币政策、产业扶持政策等宏观政策或规划引导市场经济走向，亦可在微观领域通过制定细则、章程等对企业和个人行为进行规范，因而从某种程度上讲，政府管制无处不在。基于缓解和弥补市场失灵目的而催生的政府管制普遍存在于法制化程度较高的国家，新兴经济体与之有所差别的地方在于，转型政府主导和推动的改革以及发展模式使得社会对管制有着更多的需求和倚重。（Chen et al.，2012）本书以交易所年报问询为背景，借助产权经济学分析工具，以国家产业政策以及反腐败为切入点，考察交易所在年报问询中是否存在选择性监管。进一步地，本书进一步考察在选择性问询背景下市场投资者对不同类型年报问询函的市场反应。最后，本书从公司治理缺陷以及期后会计财务行为的角度考察问询错配带来的经济后果。主要研究结论如下。

（1）在控制公司业绩和治理特征的基础上，公司所处行业特征和地区腐败特征显著影响了交易所的问询函发函决策，即受国家产业政策支持的行业公司收到年报问询函的概率更低，而注册地发生高级官员落马的公司则面临更高的年报问询概率。进一步地，同样是收到年报问询函，产业政策支持的行业公司收到年报问询函问题数量更少，而注册地发生高级官员落马的公司被问询的问题更多。这说明，中国考察交易所在年报问询决策中确实存在选择性。

（2）整体上讲，收到问询函的公司在事件日前后的超额累计回报显著为负，沪深交易所年报问询函具有信息含量。进一步地，在选择性监管问询背景下，同样是收到年报问询函，产业政策支持的行业公司以及未出现官员落马地区公司因可能存在更为严重的问题，其市场反应更为负向。说明，在解读不同的年报问询函时，中国投资者消化了监管问询的选择性。

（3）如果监管部门实施差异化监管，这意味着那些信息披露质量较差的公司其行为得不到及时地披露和纠正，使投资者和其他利益相关者因面临较高的信息不对称而蒙受损失。结果表明，那些存在潜在披露问题却没有被监管问询的公司，其第一类和第二类代理问题未来更为严重，表现为管理层薪酬业绩敏感性更低以及大股东“掏空”公司更严重，并且上述错配现象主要出现于产业政策支持的行业和未出现高级官员落马的地区。

（4）年报信息选择性监管导致的错配必然会反映到企业的会计和财务行为当中，进而损害股东和债权人等利益相关者的权益。研究发现，那些存在潜在披露问题却没有被监管问询的公司更可能出现激进的盈余管理以及非效率投资等恶性经济后果，并且上述错配现象主要出现于产业政策支持的行业和未出现高级官员落马的地区。

二、研究贡献

本书的研究兼具学术贡献与现实意义。学术贡献主要体现在以下五个方面：

第一，正如 Leuz and Wysocki（2016）在 Journal of Accounting Research 关于信息披露管制文献回顾中提及，已有多数选择性监管的文献仅关注执法的选择性而忽略由此带来的错配后果。在中国场景中，已有关于选择性监管错配经济后果的研究多从产权歧视角度入手（王文甫等，2014；刘小鲁和李泓霖，2015），缺乏一个基于选择性监管及其错配经济后果研究的一般性框架。本书试图构建一个选择性监管及其错配经济后果研究的一般性框架，以弥补已有研究的缺陷。

第二，已有关于年报问询函的文献仅从上市公司业绩和治理特征视角回答哪些因素会增加企业收到年报问询函的可能性（Ettredge et al.，2011；Cassell et al.，2013），但是在政府力量占重要地位的中国，交易所年报问询函与美国 SEC 意见信在问询选择上可能存在系统性差异。相比于美国 SEC 规则导向型（Rule Based）监管特征，中国证监会或交易所等部门的监管更可能表现出原则导向型（Principle Based）特征。本书从政治（政策倾斜以及政治成本）角度打开了交易所年报问询行为决策的黑箱，丰富了中国情境下年报问询函影响因素的研究。

第三，现有文献表明，监管对象的政治背景和证券市场的发展阶段会影响证监会选择性监管行为（戴治勇和杨晓维，2006；Chen et al.，2011；Chen et al.，2012）。本书借助年报问询这一新型机制，基于产权经济学“top - down”研究范式（Wong，2016），深入挖掘选择性监管的制度诱因，补充和丰富了已有选择性监管文献。具体地，本书发现，一线监管部门在监管过程中更可能融入中央顶层设计意志，因而从政治（政策倾斜以及政治成本）角度拓展了选择性监管相关文献研究。

第四，给定问询函存在选择性，在解读不同的年报问询函时，中国投资者是消化了问询的选择性还是产生了过度反应是一个值得探讨的问题。该问题的探讨有助于更深刻地理解中国市场信息解读能力和市场运行机制。因此，本书丰富和拓展了选择性问询背景下市场投资者对不同类型年报问询函解读能力的文献。

第五，本书丰富和拓展了交易所作为一线监管部门对中国证券市场监管效果的研究。证券交易所由于其在一国或地区金融体系中处于重要地位，历来是经济学、管理学以及法学等学科讨论的重要对象。仅有的关于深沪交易所治理有效性的研究未能得出一致的结论（朱伟骅，2003；陈工孟和高宁，2005；黎文靖，2007）。本书从问询机制角度拓展交易所治理有效性的研究，有助于全面揭示交易所一线监管效应。

此外，本书的研究亦具有较强的现实意义。本书提出的证券交易所年报选择性问询的结论，对于我国证券交易所不断提升监管效率和效果、助推证券市场稳定以及加强投资者权益保护起到一定的积极作用。同时，已有文献对我国证券交易所年报问询机制缺乏较为系统的研究，本书的研究有助于学术界和实务界更好地认识证券交易所年报问询机制的活动特征。

第四节 全书结构安排

一、章节安排

本书的其他章节安排如下：

第二章为文献回顾。本章主要从政府管制重要性、信息披露管制重要性、选择性管制原因及其经济后果、年报问询函发函决策影响因素以及年报问询函经济后果四方面进行梳理，为各章的假说发展提供理论支持。

第三章为中国年报问询机制制度背景。本章主要介绍了中国年报问询函相关的制度背景及其内容，并从中探索中国交易所作为一线监管部门监管活动的内在机理和运行机制。

第四章为年报问询函选择性时间。本章在控制公司业绩及治理指标的基础上考察国家产业政策及反腐败对交易所问询函发函决策的影响，即考察交易所问询是否存在选择性。

第五章为选择性问询下市场信息解读能力。本章在第四章的基础上，进一步分析年报问询函选择性问询背景下市场的信息解读能力。

第六章为监管问询、错配与公司治理。本章在第四章的基础上从两类代理问题的角度考察问询错配带来的经济后果。

第七章为监管问询、错配与公司会计财务行为。从长期来看，年报信息选择性监管导致的错配必然会反映到企业的财务和会计行为当中，进而损害股东和债权人等利益相关者的权益。本章在第六章的基础上从公司激进盈余管理以及非科学性投资两个视角对选择性监管导致的错配经济后果进行考察。

第八章为总结。本章对全文进行总结，阐述本书的研究贡献、研究不足及未来可能的研究方向。

二、研究框架

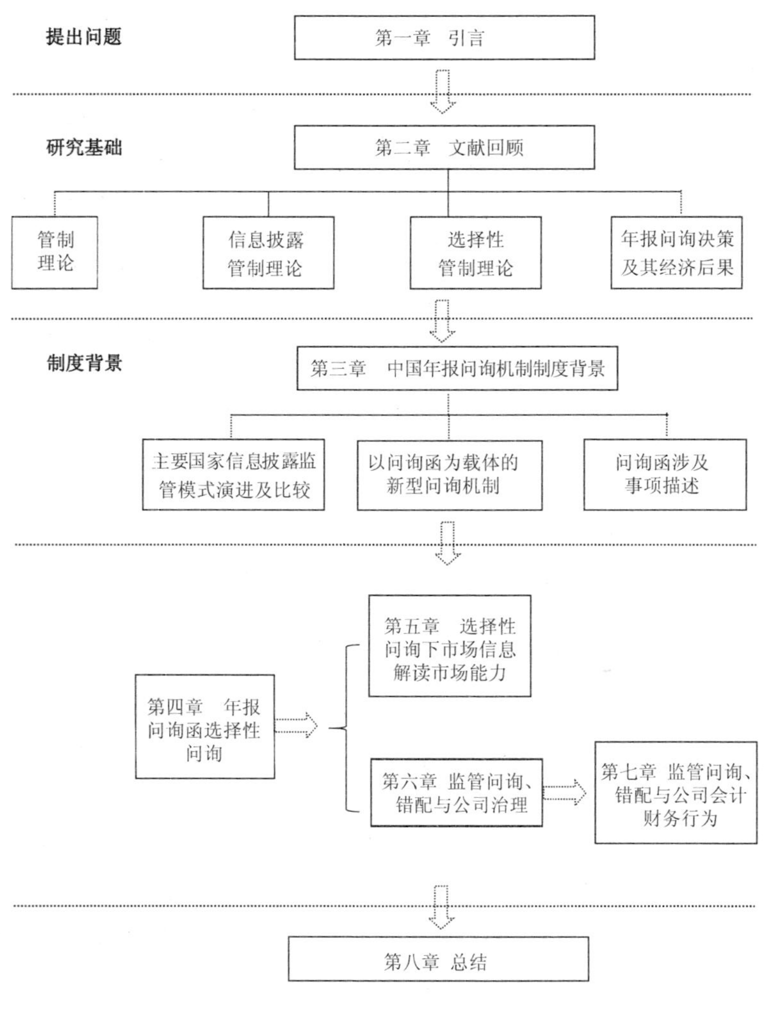

图 1.1　研究框架图

第二章

文献回顾

第一节　管制理论

关于国家干预的各种学说和政策主张一直是学术界关注的重点，一般认为先后经过了重商主义时代原始的国家干预政策、古典与新古典经济自由主义时期的自由放任政策、凯恩斯革命与现代国家干预主义、新古典综合派“混合经济”理论的政策主张、新经济自由主义的政策主张等阶段。限于主题和篇幅，本节并不对这些流派进行综述，而是定位于对更为基础的理论研究进行回顾。

一、政府管制的重要性

政府既可以通过财政政策、金融政策、货币政策、产业扶持政策等宏观政策或规划引导市场经济走向，亦可在微观领域通过制定细则、章程等对企业和个人行为进行规范，因而从某种程度上讲，政府管制无处不在。Stone（1982）将管制定义为：“政府通过法律的威慑来限制个体和组织的自由选择。”早期的管制理论认为市场机制并不是完美无缺的，市场也会出现无法有效配置资源的情况，而政府管制可以有效抑制或弥补市场的不足，保护社会公众利益，这一理论被称为“公共利益理论”。公共利益理论假定政府是理想状态的政府，当经济出现自然垄断、外部不经济等状况时，任由市场自由发展会导致效率损失，而政府管制可以矫正市场失灵，提高社会整体福利。

Coase（1960）提出了经济中存在外部性，包括正的外部性和负的外部性。如养蜂人的蜜蜂采蜜的同时可以帮助果农的果树授粉，提高产量，表现为正的外部性；工厂排放的污水、有害气体等影响周围居民的生活，表现为负外部性。Coase 认为当产权明晰，当事人讨价还价无交易成本时，市场可以解决外部性问题。然而，现实中产权的界定成本和讨价还价的交易成本很高，市场依靠自身调节无法消除负外部性所造成的效率损失，难以达到资源的有效配置。因此，需要政府制定环境保护法等措施，避免社会整体福利的损失。

基于缓解和弥补市场失灵目的而催生的政府管制普遍存在于法制化程度较高的国家，新兴经济体与之有所差别的地方在于，转型政府主导和推动的改革以及发展模式使得社会对管制有着更多的需求和倚重。（Chen et al.，2012）Shleifer（2005）提出，政府管制是基于政府独裁成本和社会无序成本的一种权衡（Trade－Off）。政府管制具备低成本有效控制社会无序的优势，例如，可以更积极地发现违规（Chen et al.，2005）。Pistor and Xu（2002）认为，管制成员可以由各领域相关专家担任，他们会被激励在各自所专长领域达到社会目标。Zingales（2009）提出，为有效缓解市场失灵缺陷和控制系统性风险，这在很大程度上需要由政府出台相应的管制政策。事实上，市场对政府管制的需求及倚重在每次大危机时总在被一次次增加和强化。无论是 1933 年美国经济大萧条，还是 2002 年安然、世通丑闻，抑或 2008 年爆发的金融危机，无一不凸显了政府管制的重要性。[①] Glaeser and Shleifer（2001）考察了波兰和捷克的证券市场发展历程后，发现波兰证券市场取得长足的发展主要取决于政府实施了更加全面和严格的管制政策。此外，Aghion et al.（2008）采用跨国数据发现，政府管制有助于缓解市场的不信任，挽回市场投资者的信心。

二、政府管制的经济后果

对于转型阶段的中国而言，政府管制可能是必要的，但须解决好政府管制中的越位和缺位问题。已有研究从不同侧面检验了管制的效果。Chen et al.（2005）发现，中国证监会的惩处提升了审计师变更、审计师出具非标意见以及公司管理层变更的概率。吴溪（2006）研究表明，由于证券民事诉讼的发展难以一蹴而就，监管执行效力对中国证券市场具有特别重要的作用，文章显示了管制对会计信息质量提高的正面影响。赵子夜

① 美国证券市场初期奉行自由放任的政府不干预政策，导致 20 世纪 30 年代证券市场投机不断，欺诈丛生，最终导致 1929 年的股市崩溃。随后罗斯福新政严格加强证券市场的信息披露监督，《证券法》（1933）和《证券交易法》（1934）随即出台，它们分别从证券发行和证券交易入手监督证券市场。另外一个典型案例是《萨班斯法案》的颁布。《萨班斯法案》作为一部改革性的重要法律涉及会计监管、公司治理及市场监管等各方面，由于没有具体豁免条款，因此所有在美国上市的本土公司或非本土公司都要严格遵守。为了更充分地保护投资者利益，《萨班斯法案》高度重视内部控制的作用，不仅要求公司报告内控情况，而且要求外部审计师对公司内控报告的准确性进行鉴定。这两个典型案例体现了法律对维护市场稳定和健康的重要作用，也佐证了政府管制是在市场失灵、法律不完善情况下不可忽视的因素，因为法律法规的颁布出台本身是政府管制的表现，也是政府管制的手段。这也意味着政府管制和法律在监督证券市场上相互替代（Polinsky and Shavell，2000）。

(2009) 以及陈运森和宋顺林 (2017) 则分别关注了中国审计业务量效应的形成机制和承销商声誉的形成机制，考察了监管的经济后果，如对违规者实行取缔从业资格的惩罚机制，这显示了管制的积极作用。

当然，也有管制非效率的证据。比如，Cheung (1974) 提出了价格管制理论，认为政府实施价格管制会导致租值耗散，带来经济效率的损失。例如，将电影票价管制在市场价格之下，管制价与市价之差就是价格管制形成的租值，由于租值没有界定权属，会出现排队、配额制、关系性票、黑市买卖等其他代替市价的机制，而这部分租值耗散将造成分配低效率。陈信元等 (2009) 研究发现，对国有企业的薪酬管制显著增加了其高管腐败发生的概率。陈彦斌等 (2014) 通过构建一个含有异质性生产效率冲击与融资约束的动态一般均衡模型发现，利率管制显著地挤压了消费，加剧了总需求结构失衡程度。然而，上述研究都没有关注管制的过度执行或者执行不足的情形，虽然 Glaeser and Shleifer (2001) 以及 Leuz and Wysocki (2016) 都提到了这个问题，但是已有研究并未深入研究其起因以及由此引发的错配经济后果。

综上所述，基于公共利益理论而采取的政府管制也存在弊端，甚至可能带来更大的效率损失，如受利益集团驱动设置进入壁垒或进行价格管制导致租值耗散，造成政府失灵。因此，针对政府管制的经济效果研究可以为政府制定政策提供可借鉴的理论和实证证据。

第二节　信息披露管制

一、信息披露管制的重要性

上市公司信息披露制度始于英国，1720 年“南海泡沫”事件的爆发凸显了市场中公司和投资者之间显著的信息不对称问题，引发了广大投资者对上市公司信息披露问题的强烈谴责。为保护公众利益，满足投资者对上市公司信息真实性的需求，英国政府紧急出台了《防欺诈法案》，由此开启了通过信息披露缓解公司和投资者信息不对称程度、促进资本市场有效运行的探索。

1929—1933 年美国爆发的大萧条危机再次引发了市场对会计信息披露问题的关注。为解决这一问题，罗斯福政府于 1933 年成立证券交易委员会（SEC），将其作为一个独立的管制机构对上市公司会计信息披露进行管制，并授权美国会计师协会（AAA）制定会计准则，以填补自律性行业规范和相关法律的空白。[①] 至此，行业自律性规范管制、准则（制度）管制、法律管制的多层次会计信息披露管制模式形成，并相继被其他一些国家所借鉴。

安然、世通事件的发生进一步凸显了强化上市公司内部控制和内控信息真实披露对保护投资者合法权益的重要性。因此，美国国会在 2002 年

---

① 至此，“充分披露的市场哲学”已经替代了“买方自行小心的哲学”（SEC，1963），自愿披露制度开始向强制披露制度转变。

颁布了《萨班斯法案》(SOX Act)，其中 302 和 404 条款明确规定了上市公司需对自身内部控制有效性情况进行披露，使投资者更清楚的了解上市内部控制情况，降低投资者所面临的信息不对称，进而更有效地保护投资者利益。(Ashbaugh et al.，2007；Kam et al.，2007；Cohen et al.，2008)

根据有效市场假说，当信息披露的社会边际成本等于社会边际效益时，信息的披露（无论是数量还是质量）处于均衡解状态。（Fama，1970）然而，市场上有价值的信息普遍存在供应不足的情形。一方面，由于信息具有公共物品以及保密困难的属性，信息生产者因无法排除非付费人群使用，而降低了其主动进行信息披露的动机。而另一方面，信息低补偿和市场搭便车行为也进一步降低了信息收集者对信息研究投资的积极性。此外，会计信息披露的外部性使得会计信息提供者的私人成本与社会成本、私人效益与社会效益相冲突。上述情形无法直接通过市场自发性行为解决（市场失灵），只有政府通过强制信息披露等形式进行干预。因此，从很大程度上讲，信息的外部性及公共物品特性是强制公司披露会计信息的重要动机。(Coffee，1984；Zingales，2009)

二、信息披露管制的经济后果

囿于市场失灵，自愿披露制度常会导致如下问题：信息披露供给不足和披露质量低下。当公司信息披露成本（例如政治成本①）较高时，公司常常会隐瞒消息或降低信息披露质量。类似地，当管理层或大股东受自利

① 这方面中国场景的研究包括《“原罪”嫌疑与民营企业会计信息质量》《富豪榜会影响企业会计信息质量吗？——基于政治成本视角的考察》《雾霾影响了重污染企业的盈余管理吗？——基于政治成本假说的考察》等。

动因驱使时，企业在面对坏消息时可能选择沉默，也可能虚假披露。[①] 相反，多数研究表明，强制性信息披露制度则可以通过积极的政府干预有效地解决上述问题（Coffee，1984；Zingales，2009）。具体地，Coffee（1984）从社会整体效用角度研究了信息披露对投资者的保护作用。他认为，从整个社会角度来看，相比上市公司信息需求者通过自己收集上市公司内部信息，企业对外的信息披露社会成本较小，上市公司信息披露无形中节约了社会整体资源。所以，与自愿性信息披露所不同，强制性信息披露制度可以降低投资者对上市公司信息的搜寻成本，甚至会带来正的外部性，有助于提高资源配置效率。后续关于公平披露法案（FD）和萨班斯法案（SOX）以及强制采用国际会计准则 IFRS 的研究支持了上述预期。Gintschel and Markov（2004）验证了 FD 法案的出台有效地限制了企业选择性的披露行为，并对分析师预测产生积极影响。进一步地，Bailey et al.（2003）证实，FD 法案使得信息泄露现象显著减少，并增加了证券分析师预测的分歧度。与此同时，Cohen et al.（2008）的研究表明，萨班斯法案颁布后上市公司会计信息质量随着盈余管理的程度的下降而提升。此外，Horton et al.（2013）借助 DID 研究设计发现，国际会计准则（IFRS）的强制执行可以通过提高信息质量和会计可比性改善资本市场中的信息环境。国内学者在其他场景中也发现了市场监管能提高信息披露质量的结论。（黎文靖，2007；谭劲松，2010）

尽管如此，部分实证研究亦发现，在强制信息披露制度下，公司仍存

---

① 这方面的代表性观点如 Seligman（1983）等指出："在缺乏强制性的公司信息披露系统时，一些发行者将会隐瞒或篡改对投资者决策有用的信息。"

在虚假披露、敷衍披露[①]等问题。例如，何进日等（2006）、王雄元等（2008）以及王惠芳（2009）指出，无论是自愿性信息披露还是强制信息披露，由于上市公司是天然的信息拥有者，其可以通过自主选择信息披露的时点（timing）、内容和方式（如负面信息隐藏于正面信息中的捆绑披露）甚至设计交易来满足自己的特殊需求。

三、我国交易所信息披露监管有效性

虽然《证券法》对证监会和交易所的监管权都进行了规定，已有文献关于监管有效性考察对象多为证监会或其职能部门发审委[②]，对交易所监管有效性的研究较少，对我国交易所监管是否有效亦尚无定论。

部分学者对于交易所监管有效性持肯定意见。伍利娜和高强（2002）采用超额收益法研究了我国股票市场对1999年—2000年证监会和沪深交易所（下称"一会两所"）处罚公告的反应。研究结果表明，在处罚公告日后，市场对处罚公告具有明显的负向反应。陈工孟和高宁（2005）研究发现，在上市公司违规处理事件中，公开谴责、警告和罚款的处罚方式均会为股票带来负的超常收益，但公开批评这一方式几乎不会对市场产生任

---

① 如披露不及时、披露缺乏实质内容、可读性差等情形。

② 例如，Chen and Yuan（2004）以及Haw et al.（2005）均发现在1996—1998年额度制期间，上市公司为达到配额资格线而进行盈余管理的证据，并发现监管部门对盈余管理具有识别能力（盈余管理越严重，越容易被否定），从而提供了证监会在资源配置方面具有积极作用的经验证据。Chen et al.（2005）发现，中国证监会的惩处提升了审计师变更、审计师出具非标意见以及公司管理层变更的概率。陈冬华等（2008）以我国IPO遴选管制权为例，发现证监会在分配IPO资源时，会考虑各地区的上市公司丑闻的频率及其严重程度，以增减该地区IPO机会的方式进行奖惩，保护市场的健康发展和自身的声誉。章铁生等（2016）基于IPO核准的经验研究发现，市场低迷阶段的IPO核准速度较慢，这对来自所在辖区政治地位较高地区的公司更为明显。

何影响。董君（2004）以 2001 年—2002 年沪深交易所建立的诚信档案中被谴责公司为样本进行实证检验，发现在公开谴责公告日前后较短的窗口期内，受谴责公司的超额收益率显著为负，这说明交易所监管引起了显著的负向反应，其监管是有效的，而且研究还发现因不同的谴责原因受谴责的公司在谴责日后的股价具有不同表现。黎文靖（2007）进一步发现，被谴责公司在以后年度会计信息质量有一定程度的改进。

但是，另有部分文献发现交易所监管压力对所辖企业的威慑作用十分有限。毛志荣（2002）以 1993 年—2000 年交易所处罚的违规上市公司为样本，实证检验了交易所监管的有效性。研究发现，交易所仅对违规上市公司进行内部批评，并没有实质性的处罚措施，并未对上市公司产生足够的威慑作用，违规的企业在受到交易所处罚前后的股价以及市场表现并无差异。此外，交易所以内部批评为主的处罚方式，对企业的声誉影响较小，对于企业的融资约束并无影响。朱伟骅（2003）以 1999 年—2002 年中国证券交易所公开谴责的上市公司为样本，运用事件研究法分析，发现受到交易所公开谴责的公司，并未引起显著的市场负向反应，公开谴责对于企业的负面影响作用是很有限的。宋黎和彭家生（2010）以 2000 年—2008 年“一会两所”以 280 家企业进行的 451 次处罚作为研究样本，发现，无论是证监会还是交易所，它们对上市公司违规行为监管的威慑力均存在一定的局限性。

不难看出，已有关于交易所监管有效性的研究中，主要以监管是否能引起市场反应为主，不仅研究角度有限，亦尚无定论。而且，在对交易所监管有效性的研究中，已有研究主要针对交易所对上市公司“行为”监管的有效性，而对交易所对上市公司“信息”监管的有效性尚未涉及，本书试图通过考察以证券交易所年报问询函为代表的交易所监管有效性弥补上述研究不足。

第三节　选择性管制理论

选择性管制原意是指警察在其管制的过程中根据其以往的经验来确定执法的对象，从而在立法权和警察执法权之间寻求一种平衡。然而现阶段对选择性管制的讨论已经超过美国学者所说的选择性执行概念，转向从行政管制的角度对选择性管制进行相关研究。戴治勇和杨晓维（2006）认为基于不同的经济政治情势，这种管制方式独有的灵活性有助于摆脱成文法的僵化。

一、选择性管制的原因

不同国家的法制环境存在很大差异，其活动的复杂性和多样性往往使得相同的执法质量难以维系。当法律制度变迁缓慢或制度改变成本过高时，选择性管制可能成为一种次优的选择。（Chen et al.，2012）选择性管制的产生存在诸多动因，以我国证券市场的监督为例，已有研究从如下几方面进行剖析。

第一，市场对选择性监管的需求。公共利益理论认为，管制源于投资者纠正市场失灵的需求。（Stigler，1971；Peltzman，1976）随着证券市场的发展，交易丑闻和舞弊现象时有发生。在政治和社会舆论压力下，管制机构对上市公司违规的处理为达到公众期望，满足投资者需求，可能会加

大执法力度①。例如，个别时期，案件普遍性和严重性相同，仍会出现“严打”的运动式执法。（戴治勇和杨晓维，2006）

第二，利益集团影响。信息不对称和合约不完备使得权威性不足的执法主体易受到各种利益集团的巨大影响，监管者未能全面地回应公众福利需求，偏离了社会资源的最优配置，因而在客观上造成选择性执行的既定事实。（Anderson，2000；MacNeil，2002）例如，刘小鲁和李泓霖（2015）从所有制角度对质量监管的公正性进行了检验，发现在质量监督抽查的抽样环节中存在着显著的所有制偏倚，而这种与所有制相关的抽样偏差包含着地方政府出于就业、经济增长和财政收入目标所产生的地方保护动机。

第三，管制资源及成本。管制资源的多少决定了管制的广度和深度。监管机构也有自身追求的特殊利益，这是其作为特定社会主体无法消除的，在决定是否实施管制以及管制的广度和深度时，需要平衡管制成本与管制收益。（Becker and Stigler，1974；Schipper，2010；Posner and Weyl，2013；Coates，2014）例如，章铁生等（2016）发现，证监会在做出发行核准决定时，会受到市场环境和申请 IPO 公司所在辖区政治地位的影响：当证券市场处于低迷阶段时，证监会唯恐打击市场信心而放慢核准速度。进一步地，徐春艳（2016）发现，证券市场低迷时，证监会对违规保荐人的处罚力度较轻；证券市场比较活跃时，证监会可能会选择加大惩戒力度。此外，当管制资源有限或管制成本很高时，监管机构可能会选择性地

① 例如，“三鹿奶粉”事件造成前董事长田文华被判处无期徒刑；“长生制药疫苗造假”被罚 91 亿元，并被强制退市。

实施管制，即对部分违规公司进行重处，以示警诫①。

第四，作为代理人的执法者设租、寻租也可能造成选择性执法。自由裁量权所导致的选择性执法是普遍的，对它的分析基本上可以沿用腐败或渎职的经济学理论（Krueger，1974），此内容不属于本书关注的范围。

二、选择性管制的经济后果

一方面，管制的选择性执行可能会推动经济取得成功和获得增长。管制机构在面临金融和经济形势巨变时，其在法律赋予的自由裁量权范围内，灵活地执行管制，可以确保其完成政治和经济目标。（戴治勇和杨晓维，2006；陈冬华等，2008）在转轨经济时期，选择性管制可能是常态，其存在作为法律薄弱的有效补充具备一定合理性。例如，Duflo et al.（2018）利用印度古吉拉特邦（Gujarat）环境监管的实验数据发现，选择性进行环保执法，能够有效地降低工厂污染物的排放，提高工厂环保合规的水平。陈冬华等（2008）以我国 IPO 遴选管制权为例，发现证券监管机构在分配 IPO 资源时，会考虑各地区上市公司丑闻的频率及其严重程度，以增减该地区 IPO 机会的方式进行奖惩，保护市场的健康发展和自身的声誉。Jiang et al.（2009）以我国 2005 年实施的股权分置改革为制度场景，考察了信息成本对政府管制执行效率的影响，发现当信息成本较低时，政府管制的执行比较容易到位，并且证监会在对再融资资源进行分配时将地

---

① 例如，广东科龙电器股份有限公司和安徽古井贡酒股份有限公司均因“未按照规定报送有关报告”受到证监会披露处罚，其中安徽古井贡酒股份有限公司仅被罚款，而广东科龙电器股份有限公司被警告处罚。又如刘姝威于 2019 年 2 月撰写了一篇名为《严格监管严格执法》的长文，直接质疑广东证监局是否存在选择性执法。她在文中指出，同是信息披露违规，格力董明珠收到了警示函，而美的集团的方洪波却未被警示。

区股改积极性纳入了决策考量范围。

而另一方面，管制的选择性执行可能造成对原定目标的偏离和扭曲，进而造成资源的错配和经济效率的损失。尽管中国在从计划经济向市场经济转型的过程中呈现出资源配置效率上升的趋势，但要素（包括劳动力和资本）市场错配造成的总 TFP 损失仍达 20%。（Brandt et al.，2013）国内学者运用丰富的制造业微观数据等对造成中国资源错配的主要原因进行了经验分析，发现所有制歧视是造成国内资源（包括信贷资源、政府补贴等）错配和全要素生产率损失的主要原因。[①] 陆正飞等（2009）研究发现，民营上市公司在银根紧缩时将会遭受信贷歧视，降低了民营上市公司的股票回报，损害了民营上市公司投资者的利益；邵敏和包群（2011）以政府补贴为例，发现地方政府的补贴程度决定行为更多地体现了“保护弱者”特点，并且该现象在中西部地区更为普遍；王文甫等（2014）研究发现，为了追求 GDP 和税收的最大化，地方政府会进一步强化干预（如政府购买和政府补贴），并向大企业、重点企业倾斜，但在促使其产量增加的同时，也出现了投资过度，从而导致了非周期性的产能过剩。也就是说，已有文献仅从监管所有制歧视的视角考察资源错配的经济后果，本书从宏观产业政策和反腐败出发，从公司治理和会计财务行为角度深化对选择性监管及其经济后果的理解。

---

① 政府在我国的作用不仅表现为构建公共机制，而且以市场主体身份直接参与企业交易。由于国家权威、强制力和垄断性，政府及国有企业与其他市场主体并非处于同等地位。（李增泉，2017）

第四节　年报问询决策及其经济后果

一、年报问询决策机制

早期关于意见信的研究主要关注具有什么特征的公司更可能收到意见信。Ettredge et al.（2011）发现，当公司的内部控制更弱，公司治理水平更低时，公司更易收到意见信。Cassell et al.（2013）发现，那些具有低盈利能力，高复杂性、内部控制存在缺陷以及选择小型审计公司的企业与收到 SEC 意见信的可能性正相关。Johnston and Petacchi（2017）研究发现经历过财务报表重述或修正以及小规模公司更容易收到意见信。此外，Kubick et al.（2016）研究发现，避税程度越高的公司越可能收到 SEC 税务意见信。综上，已有文献主要着眼于公司治理特征和会计财务特征，考察上市公司收函影响因素。从监管者层面来看，是否存在其他因素影响其问询决策是一个重要的问题。

二、年报问询与公司治理

随着研究的深入，越来越多的学者关注 SEC 意见信对公司未来内部治理以及信息披露质量的影响。

理论上讲，一方面，如果意见信能够导致实质性的财务报告和信息披露的变化，它可以从整体上改善公司的信息环境。过往的研究表明，自愿披露水平的增加，减少了信息不对称，增强了股票流动性，并降低了公司的资本成本，鉴于发行人和审计师的激励问题，以及萨班斯法案对 SEC 执法权力的加强，意见信可以大大提升公司会计和信息披露质量。而另一方面，美国的强制性会计和披露标准范围广泛，上市公司必须遵守审计要求，以确保遵守这些标准，因此意见信对信息环境的增量影响可能并未达到预期中的明显效果。

实证结果方面，Gietzmann et al.（2016）研究发现，公司收到 SEC 监管问询函频率越高，其公司 CFO 变更概率越高。Gao et al.（2010）和 Johnston and Petacchi（2017）发现收到 SEC 意见信的公司未来重述的概率更高，但随后盈余管理程度显著下降，信息披露质量亦显著改善。Bozanic et al.（2017）以及 Cassell et al.（2018）发现在收到意见信之后，公司会对信息披露情况做出改变，在某些情况下，企业会披露更多的信息，使披露内容可读性得以提升。Cunningham et al.（2016）发现在收到意见信之后，公司更多地显著降低应计盈余管理操纵，但是企业更多地转向真实盈余管理操纵。Bens et al.（2016）发现，问询函促进上市公司信息披露行为的改善，降低投资者对公允价值估计的不确定性。此外，在基于中国场景的研究中，Hu et al.（2018）发现，沪深交易所更容易对大股东掏空问题严重的公司发出问询函，并且被问询公司未来大股东掏空水平显著降低。上述结果整体表明，SEC 意见信整体上降低了投资者与公司之间的信息不对称程度，发挥了重要的外部治理作用。

三、年报问询溢出效应研究

问询监管除了对被问询对象产生效应，对被问询对象利益相关者亦产生重要的影响。Gietzmann and Isidro（2013）研究发现，机构投资者们会减持收到意见信公司的股份。Gietzmann and Pettinicchio（2014）研究发现，SEC 意见信的出具增加了审计师的审计风险，其要求增加风险溢价以补偿其面临的潜在损失。Cunningham et al.（2017）研究表明，在公司收到SEC 意见信后，银行会收取更高的贷款利差，并且当SEC 的意见信中提到了公司存在重大过错时这种利差会更大。Wang（2016）研究发现，SEC 意见信能够提高公司盈余信息含量，使得分析师的预测更加准确，预测的离散程度更小。

此外，年报问询溢出效应也体现在同行业之中。Brown et al.（2018）研究发现，那些从未收到 SEC 意见信的公司在如下三种情形下会主动改进年报披露质量：（1）当行业领跑者被监管问询时；（2）非常接近的同行业对手被监管问询时；（3）行业竞争程度较高的公司被监管问询时。Kubick et al.（2016）亦发现，当公司收到 SEC 税务意见信时，同行业中其他公司会降低其税务激进程度。

第五节　文献评述

一方面，年报问询监管决策具有较强的选择性，西方文献更多地从公司财务指标和治理指标入手，考察监管部门的监管决策。（Ettredge et al.，2011；Cassell et al.，2013；Kubick et al.，2016；Johnston and Petacchi，2017）由于市场化水平的不同，西方已有关于政府管制的研究较少关注管制的过度执行或者执行不足的情形，虽然 Glaeser and Shleifer（2001）以及 Leuz and Wysocki（2016）都提到了这个问题，但是已有研究并未深入研究其起因以及由此引发的错配经济后果。但是在政府力量占重要地位的中国，交易所年报问询函与美国 SEC 意见信在问询选择上可能存在系统性的差异。根据产权经济学的研究范式，中国交易所在考虑监管问询时，除公司业绩和治理特征外，更可能结合自身利益融入一些其他考量要素（比如，迎合国家政策方针等），进而造成选择性问询。

已有关于选择性管制的文献主要从监管所有制歧视或政治关联等视角考察资源错配经济后果（陆正飞等，2009；杨晓维和赵娟，2009；邵敏和包群，2011；Chen et al.，2011；王文甫等，2014；刘小鲁和李泓霖，2015），本书试图在已有文献的基础上，构建一个一般化的选择性监管及其错配经济后果框架。

第三章

中国年报问询机制制度背景

为贯彻中国证监会以信息披露为中心，推进监管转型的工作部署，我国的证券交易所开始尝试监管转型，切实落实以信息披露为中心的改革理念，采取相应措施以督促上市公司真实、准确、完整、及时地披露信息。目前，针对上市公司信息披露中出现的突出问题，沪深交易所均建立了重大事项（如并购重组）问询函、定期报告（如年报、半年报、季报）问询函等监管函件及公司回复说明的对外公开披露机制，充分发挥了一线监管部门的主动性、针对性和高效性，为扎实推进监管角色转型，合理引导市场力量发挥合力，提高信息披露监管效率和效果奠定了良好的基础。本章地系统回顾美国、澳大利亚等海外国家与我国信息披露监管模式演进的差异，在系统总结我国以问询函为载体的新型问询机制与海外国家问询机制的差异的基础上，扼要描述问询函的特征及其涉及的相关事项。

第一节　主要国家信息披露监管模式演进及比较

在充分借鉴西方发达国家监管模式的基础上，中国监管部门结合中国实际，采用年报问询函这一新型年报问询机制。本节系统比较了中国年报问询机制与美国和澳大利亚年报问询机制的差异。

一、政府监管模式下主要国家上市公司信息披露监管模式比较

各国监管机构对市场的监管模式存在差异，但各国交易所都在市场监管中扮演了不可替代的角色。Allen et al.（2005）认为，中国与大多数国家不同，虽然法律体系和金融体系都有待进一步完善，经济却发展迅速，被称为“中国经济增长之谜”。他们认为，除开特有的非正式制度安排，中国特有的正式机制和相关机构的设立弥补了公司治理机制和融资约束上的不足。我国的上海证券交易所和深圳证券交易所作为证券监督管理委员会的派出机构，它们与证监会一起（合称为“一会两所”）对上市公司披露信息进行监督。虽然中国、美国以及澳大利亚的监管机构都会通过发放问询函对市场进行事中和事后监管，但具体监管机制设计存在较大差异，这些差异为中国情景的研究提供了重要基础。

如表 3.1 所示，首先，在问询函出具机构方面，美国主要由 SEC 出具，尽管澳大利亚和中国都是由交易所进行问询，但与澳大利亚由单一交易所问询所不同的是，中国问询函主要由证券会授权的沪深交易所进行发出。从沪深交易所竞争的角度来看，沪深交易所更多地应该会实现“朝上的竞争”而不是“朝底的竞争”，通过质疑造假或者澄清事实提升上市公司治理和财务水准。

其次，在是否全面审核方面，美国 SEC 的公司财务部会定期审核公司文件，萨班斯 408 号文件正式规定 SEC 公司财务部每三年至少要对每家公

司的文件审核一次（Every three years）。[①] 澳大利亚证券交易所并未建立定期问询机制，仅在企业股价或交易出现异常时，监管才会介入。中国上市公司数量较少，并由沪深两个交易所各自审核其管辖的上市公司，两所均全部审阅所辖上市公司的年报。这种全面的定期问询机制，使得样本在时间序列上不存在遗漏情形，因而为本书研究选择性问询以及问询监管错配提供了更为合适的制度场景。[②] 所不同的是，上交所问询比率至少为40%×30%（初步筛选至少40%，在初步筛选基础上至少选取30%进行发函问询）；深交所并未限定具体的问询比率。[③]

第三，在关注内容方面，澳大利亚证券交易所在观察到股价波动或交易量异常时，会向上市公司发放问询函，要求其对股价波动或交易量异常进行详细的解释和公告。（Gong，2007）美国SEC和中国沪深交易所主要关注公司信息披露瑕疵、公司相关活动、公司公告内容等，对于一些问询事项，监管机构还会进行再次问询。与西方资本市场关注第一类代理问题（股东与管理层代理问题）所不同的是，转型中国监管更加关注第二类代理问题：大股东掏空中小股东问题。此外，中国交易所出具的部分问询函会要求中介机构，如会计师事务所、律师事务所、保荐人以及独立董事等

① 从监管的成本角度看，美国SEC意见信进行的形式审查消耗了大量的监管资源，每年用于进行此类审查业务的费用占SEC整体开支的15%左右。以2012年为例，SEC进行了4380次审查，约48%的上市公司接受了审查，并就年度报告发表了3566封意见信，这些行动几乎占用了SEC公司财务部门（Division of Corporate Finance）全年1.35亿美元的预算开支和人力资源。然而，美国上市公司超过10000家，SEC出于监管人力资源不足考虑，采用三年一轮回随机问询的模式。

② 全面审核这一制度场景有助于帮助我们更为准确地识别那些没有被问询公司到底是因为随机问询机制导致还是因为监管方有意为之。

③ 作者感谢上海证券交易所公司管理部经理×××博士以及深圳证券交易所××博士给予的实务指点和帮助。相关访谈资料见附录C。

第三方主体对相关事项发表专业意见。

再次，在问询函和回函披露及时性方面：美国 SEC 自 2005 年 5 月 12 日起，在审核完成后，会公开披露意见信和公司相应的回函，但在发函日和回函日均不及时披露。[①] 澳大利亚证券交易所仅在观察到股价波动或交易量异常时，才会向上市公司发函，要求进一步解释，但问询函并不会即时披露，而是等到上市公司回函后问询函和上市公司的回复函同时进行披露。(Drienko and Sault，2013）中国沪深交易所问询函一般都是实时披露，这为后文第五章研究选择性问询下市场信息解读能力提供了更为干净的实验场所。

最后，在问询函种类方面，美国 SEC 意见信主要以定期报告问询函（10 – K)、IPO 问询函以及税务问询函为主；澳大利亚 ASX 问询函主要包括股价问询函、交易量问询函、其他事项问询函三类；中国沪深交易所发出的问询函类型主要包括许可类（非许可类）重组问询函、定期报告（包括年报、半年报、季报）问询函以及监管函等。从问询内容上看，这几种问询函的关注重点不同，且严重程度不同。问询函关注披露有瑕疵，但尚未违反规定的公司，主要目的是要求上市公司补充相关信息，核实相关问题，并履行信息披露义务，而收到监管函则说明上市公司已经违反了相关规定，被责令整改。[②]

综上，无论是在问询函出具单位、是否全面审核、问询关注重点、披

---

① 2012 年 1 月 1 日之前，意见信相关内容在审核完成 45 天后才能公开披露；2012 年 1 月 1 日之后，意见信相关内容在审核完成 20 天后才能公开披露。

② 需要说明的是，本书之所以选择问询机制而不选择监管处罚作为研究场景，一个非常重要的原因在于，监管处罚存在比较强的滞后效应，并且处罚意味着获取了问题公司的确凿证据，不存在二类错误（不该处罚而处罚）的情况。

露及时性上还是在问询函种类上，我国沪深交易所问询函都区别于美国SEC意见信和澳大利亚证券交易所的问询函，具有独特的中国制度背景。上述制度背景的差异，为中国情境下的选择性问询、选择性问询下的市场信息解读能力以及问询错配研究经济后果的研究提供了良好的制度基础。

表 3.1　政府监管模式下中、美、澳上市公司信息披露监管模式比较

项目比较	美国	澳大利亚	中国
问询函出具部门	美国证券交易委员会（SEC）	澳大利亚证券交易所（ASX）	沪深交易所
是否全面审核	否，三年一轮回，随机问询	否，并未建立定期问询机制	是，沪深交易所比例略有差异
问询关注点	如基本信息错漏，重要事项披露不完善，违背会计准则等	股价异常或者交易量异常以及诸如并购谣言等其他事项	主要关注关注财务信息披露真实性、完整性，亦关注业务模式、行业趋势、风险揭示等非财务信息
披露及时性	从 2005 年 5 月 12 日起，SEC 会公开披露意见信和公司相应的回函，但一般在审核完成 45 天后才能公开披露；2012 年 1 月 1 日之后，意见信相关内容在审核完成 20 天后才公开披露	问询函发放时并不会公开披露，只有当上市公司回函后才会披露，即问询和公司的问询回复同时披露	根据规定，上市公司应及时书面回函并公开披露

续表

项目比较	美国	澳大利亚	中国
问询函种类	定期报告问询函（10－K）、税务问询函、IPO 问询函	股价问询函、交易量问询函、其他事项问询函	主要为定期报告问询函、并购问询函

注：表格相关信息系作者结合中美澳监管部门网站查询整理获取。

二、中国上市公司信息披露监管政策演进

近年来，中国证监机构的监管手段逐步多样化，涌现出许多监管措施及其组合。例如，“一会两所“监管方式包括约谈、公开谴责、监管关注、监管问询、诚信评级、内部批评、警告和罚款等。其中，以问询函为载体的新型监管形式就是我国证监机构在吸取海外国家经验的基础上进行的创新。表 3.2 列示了中国上市公司信息披露监管政策的演进过程，人大常委、证监会以及沪深交易所分别针对上市公司信息披露和上市公司信息披露监督制定了一系列相关规定。上交所和深交所的监管职能主要包括监管证券交易活动、监管会员以及监管上市公司信息披露。交易所在监管上市公司信息披露时常用的监管途径之一就是发放问询函。具体而言，上交所和深交所在其股票上市规则中指出公司应及时回复交易所问询。两大证券交易所也都在其上市公司信息披露工作考核/评价办法中指出，在考核上市公司时，会重点关注公司是否及时回复交易所问询。就本书而言，交易所发出的问询函影响因素有哪些、问询机制是否具有信息含量、问询机制会带来什么样的经济后果值得探究。

表 3.2　上市公司信息披露政策制度条款梳理①

出台单位	出台时间	相关法案或规定	主要内容
全国人大	1999 年 7 月 1 日	《中华人民共和国证券法》	证监会和交易所对上市公司披露信息进行监督
	2002 年 4 月 25 日	《关于进一步完善中国证券监督管理委员会行政处罚体制的通知》	首次提出在不适用处罚性监管的情形下，应采取非处罚性监管措施
证券会	2006 年 12 月 13 日	《上市公司信息披露管理办法》	规范信息披露
	2007 年 7 月 18 日	《加强证券期货法律体系建设保障资本市场稳步健康发展》	对非处罚性监管措施的种类和适用范围等进行规范
	1998 年 1 月	《上海证券交易所股票上市规则》	上市公司应及时回复交易所问询
上交所	2008 年 12 月 2 日	《上海证券交易所市场监察质量报告（2008）》	以每年发放的问询函次数等指标衡量市场监察发现的及时性
	2015 年 4 月 27 日	《上海证券交易所上市公司信息披露工作评价办法（2005 年修订）》	依据是否及时回复交易所问询评价上市公司

① 资料来源：陈运森，邓祎璐，李哲．非处罚性监管具有信息含量吗？基于问询函的证据［J］．金融研究，2018a（4）：155－171.

续表

出台单位	出台时间	相关法案或规定	主要内容
深交所	1998年1月	《深圳证券交易所股票上市规则》	上市公司应及时回复交易所问询
	2017年5月5日	《深圳证券交易所上市公司信息披露工作考核办法（2017年修订）》	依据是否及时回复交易所问询考核上市公司

注：问询是交易所规范和强化公司信息披露的一种重要的方式，是一种重要的事后监管方式。问询的内容涉及定期报告进行问询（2001修订的规则中初次提及），对媒体报道进行问询，对公司股票和衍生品交易进行问询，对日常监管进行问询（2004年修订的规则中初次提及）。2006年修订的规则限定在一定的期限内回复问询，如未回复问询则交易所会进行公告。此外，为加强上市公司信息披露，监管进一步引入卖空机制和沪港通，强化市场力量在公司信息披露监管中的治理功能。

第二节　以问询函为载体的新型问询机制

信息披露制度是各国证券市场制度的重要组成部分，上市公司的信息披露质量与资本市场稳定以及投资者的权益保护息息相关。当前，我国证券交易所正处于向注册制改革迈进的监管转型的特殊时期，相较于之前，主要呈现出以下新特征。（高佳楠，2017）

（1）大力推进监管转型，不断提升监管透明度。目前，沪深交易所均已建立了重大事项问询函、定期报告（包括年报、半年报、季报）问询函等监管函件及公司回复说明的公开机制（两所均在其官网将问询函和上市公司回复函一并披露），并积极探索信息披露考核过程与结果的实时公开。此外，深交所和上交所还积极利用新闻媒体等媒介平台，合理引导市场力量进行监督。

（2）充分发挥一线监管职能，不断提升监管反应速度。为了最大程度维护资本市场稳定，减少各类信息披露违法违规行为给投资者带来的负面影响，沪深交易所通过建立上市公司监管快速反应记录表，在干中学过程中不断积累监管经验，加快提升应对各类热点事件和突发情况的反应速度和应急处理能力。

（3）以投资者的需求为导向，不断创新信息披露方式。近年来，我国的证券交易所在信息披露方式方面进行了多维度的探索，包括全面推进信息披露直通车业务、沪（深）港通政策等。这些措施均提高了上市公司信息披露的质量和水平。此外，交易所亦将分地区监管模式调整为分行业监管模式，有助于提高监管的针对性和被监管对象的行业可比性。

第三节　问询函涉及事项描述

我国证券交易所采用年报问询函方式对上市公司进行事后监管这一模式起步较晚，直到2014 年才首次对上市公司年报的问询情况进行公开披露，且缺乏相应的问询函数据库，由于数据整理过程繁琐，收集成本较高，因此国内学术界几乎没有关于问询函的实证研究。为了填补国内问询函这一研究领域的空白，本书照美国 Audit Analytics 数据库中 SEC 意见信的字段分类，结合中国实际，构建了年报问询函数据库，交易所问询函文本处理的主要步骤详见表3.3。具体地，首先，从上海证券交易所、深圳证券交易所网站“监管信息公开”栏目以及巨潮资讯等网站抓取2014年6月—2017年12月所有定期报告问询函的公司代码、发函日期、函件类别（问询函/回复函）、下载地址，筛选出针对公司定期报告的交易所问询函（事后审核函），利用批量下载软件下载所有PDF文件（少量问询函文件为Word文档，亦将其转为PDF文件），共有1567家公司收到年报问询函①（其中交易所发出问询函750份，上市公司回复函1565份）。其次，将下载的交易所问询函PDF文件转换为HTML文件，并利用Perl②HTML模块整理文本（包括处理表格、处理段落、去除HTML tag）。

表3.3　交易所问询函文本处理的主要步骤

1. 下载PDF文件	从上海证券交易所、深圳证券交易所网站“监管信息公开”栏目以及巨潮资讯等网站抓取2014年6月—2017年12月所有定期报告问询函的公司代码、发函日期、函件类别（问询函/回复函）、下载地址，筛选出针对公司定期报告的交易所问询函（事后审核函），利用批量下载软件下载所有PDF文件（少量问询函文件为Word文档，亦将其转为PDF文件）
2. 转换为HTML文件	将下载的交易所问询函PDF文件转换为HTML文件
3. 利用Perl HTML模块整理文本	

① 对于中小板和创业板公司，交易所并未强制要求其披露在收到问询函时予以披露，仅要求其在回复交易所时进行披露。因此，回复函缺失样本仅为2个，而问询函则出现较大面积的缺失。

② PERL（Practical Extraction and Report Language）是一种功能丰富的计算机程序语言，其中文翻译为：实用报表提取语言。

续表

（1）处理表格	针对表格中的单元格（HTML tag 为“td”的元素），若单元格内包含句子符号（包括“，”“。”“；”等）或者包含 15 个及以上中文字符，则保留此单元格，否则删除单元格
（2）处理段落	删除不包含任何中文字符的段落，进一步删除数字及空格字符占段落总字符数大于 30% 的段落
（3）去除 HTML tag	删除所有 HTML tag，获取 TXT 格式的纯文本

通过人工读取交易所问询函，本书初步总结分类关键词并用 Perl 对问询函文本中的每段话逐一判断，提取出现关键词的段落，然后人工检查内容是否正确。本书随机抽取 20% 交易所问询函，结果表明，分类准确度达到 91.5%。通过反复测试以修正得到的分类关键词见附录 A。具体地，本书将年报问询函按照问询内容分类，其中包括资产类、负债类、收入类、成本类、行业及经营情况类、大股东掏空类、客户供应商类、税类以及公司治理结构类等共计 21 大类。

表 3.4 报告了沪深交易所问询事项的描述性统计结果。总体上，沪深交易所关注上市公司财务信息、会计处理合理性、会计信息披露、关联交易（大股东掏空）、公司治理等多方面。区分交易所来看，深交所在问询内容上更加具体和细致。为叙述方便，本书以深圳美丽生态股份有限公司（股票代码：000010）为例，深交所注意到该公司 2016 年年报中主营业务收入 10.53 亿元，经营活动产生的现金流量中销售商品、提供劳务收到的现金为 6.85 亿元，与主营业务收入差异较大，与净利润差异超过 50%，财报数据真实性存疑，因此交易所发出问询函，要求公司对此差异做出解释。此外，该问询函的内容还涉及非经常性损益、报表合并范围、客户供

应商依赖、关联交易、商誉等事项。又如，银基烯碳新材料股份有限公司（股票代码000511）因2016年年报出具过晚收到深交所问询函。① 问询函指出，公司存在前期会计差错更正，导致2015年度净利润减少2400万元。深交所要求上市公司逐项列示导致前期会计差错更正的相关事项的发生时间、金额及背景，并说明调整前后的会计处理以及对财务报表的影响。此外，深交所特别关注大股东资金占用和关联交易问题，该问询函共询问问题28个。

表3.4 问询函事项占比描述性统计

编号	具体类别	占比	深交所	上交所
1	资产类	93.74%	95.13%	93.22%
2	负债类	55.34%	55.53%	54.57%
3	收入类	77.13%	79.19%	68.81%
4	成本类	91.32%	92.36%	92.88%
5	备抵科目类	77.06%	78.10%	72.88%
6	或有事项类	33.08%	32.46%	37.28%
7	公允价值类	44.11%	45.38%	38.98%
8	信息披露类	98.15%	98.59%	97.30%
9	内部控制类	38.19%	39.51%	32.88%
10	业绩奖励类	90.72%	90.60%	91.86%
11	行业及经营情况类	70.47%	68.12%	80.00%
12	公司治理结构类	96.83%	96.81%	96.94%
13	非关联股权变更类	37.65%	38.08%	35.93%

① 公司于2017年6月15日才召开董事会和监事会审议年报等相关文件，并且直至6月24日才披露2016年年报等公告。

续表

编号	具体类别	占比	深交所	上交所
14	大股东掏空类	71.82%	71.47%	73.22%
15	会计政策类	71.82%	72.06%	70.85%
16	现金流量类	66.51%	69.53%	53.89%
17	审计类	55.88%	51.76%	72.54%
18	客户供应商类	74.71%	74.91%	73.89%
19	税类	63.01%	66.94%	47.11%
20	风险类	50.57%	47.48%	63.05%
21	其他类	66.24%	67.95%	59.32%

第四节　本章结论

近年来，中国证监机构的监管手段逐步多样化，其中，以问询函为载体的监管形式即我国证监机构在吸取国外经验的基础上所进行的制度性创新。本章系统地比较了我国新型问询机制与美国以及澳大利亚问询函的差异，回顾了我国问询函的政策演进过程，总结了我国监管转型期新型问询机制的新特征，并借鉴美国 Audit Analytics 数据库中 SEC 意见信的字段分类试图构建中国情境下的年报问询函数据库。本年报问询函数据库的构建为市场更为深入地理解监管关注的核心提供有益的数据支撑，也为后文的实证研究打下坚实的基础。

第四章

年报问询函选择性问询

在美国以及澳大利亚等国家，年报问询函的出具，其目的主要是对公司相关信息进行鉴证，因此公司基本面（财务状况、经营成果、现金流量以及内部治理）是影响监管部门发函的重要因素。在转型中国，一方面，已有大量文献表明，受产业政策支持的行业公司更容易在信贷、补贴以及税收减免方面拥有优先权，说明产业政策支持行业公司得到政府政策方面的倾斜。（祝继高等，2015；冯发贵和李隋，2017）而在各部委和相关监管部门协同配合的情况下，监管部门是否同样存在政策配合，减少对产业政策支持行业公司的问询呢？另一方面，在当前反腐高压的大背景下，监管部门是否更多地将监管资源投入高级官员落马频发区域呢？为此，本书以交易所年报问询为背景，借助产权经济学分析工具，以国家产业政策以及反腐败为切入点，考察交易所在年报问询中是否存在选择性监管。具体而言，本章主要考察如下两个问题：（1）国家产业政策以及反腐败是否影响监管部门的年报问询决策？（2）给定问询，国家产业政策以及反腐败是否进一步影响问询函中问询问题的数量？

第一节 理论分析与研究假说

一、产业政策与交易所年报问询函出具

中国证券市场在发展过程中一直依赖行政性法规而非正式的法律体系来规范市场行为。这既可能源于我国法律体系整体上发展滞后（包括立法和执法），也可能与我国转型经济的特点高度相关。（Wong，2016；李增泉，2017）张育军（2003）认为，转型中国证券市场的监管能力和监管效率不仅取决于市场制度建设和监管架构的设计，而且在很大程度上取决于市场运行所赖以存在的社会环境、产权结构、政策目标等诸多因素。

产业政策是国家制定的，引导国家产业发展方向、引导推动产业结构升级、协调国家产业结构、推动国民经济健康可持续发展的政策。作为立足全局、精心制定的重大战略政策，产业政策实施的影响涉及国民经济的各方面。（江飞涛和李晓萍，2010）作为资本市场的一线监管部门，当监管目标选择发展时，往往忽视和放松监管，以牺牲市场的规范为代价。（张育军，2003）在当前转型发展阶段，沪深交易所需要将来自顶层设计

的意志融入其监管决策当中①。一般而言，产业政策扶持的行业多处于落后状态，为迎合国家产业加速升级，赶超工业先进国家，交易所在法律赋予的自由裁量权范围内灵活地执行管制，在全国上下一盘棋的指挥棒下，更可能默许其在短期内“野蛮生长”，甚至为产业政策所扶持的行业公司“开绿灯”，减少对产业政策所扶持的行业公司的问询或者处罚，以确保其完成隐性政治和经济目标。据此，提出本书假说 H4.1：

假说 H4.1：沪深交易所在进行问询决策过程中融入了国家产业政策方针，即相比于非产业政策支持行业公司，产业政策支持行业公司面临更低的问询概率。

进一步地，与假说 H4.1 逻辑保持一致，如果监管部门在进行问询决策过程中融入国家产业政策方针，其在一定程度上会牺牲监管规范性，放松对产业政策支持行业公司的监管。张敏等（2017）研究发现监管处罚存在“扶贫效应”，即给定违规程度，所在地经济发展水平越低的公司受到的处罚程度越轻。类似地，本书预期，尽管产业政策支持行业公司基本面（财务状况和公司治理）上表现更差（宣扬，2016），给定同样是出具问询函，为完成隐性政治和经济目标，相比于非产业政策扶持型行业公司，沪深交易所更可能对产业政策支持的行业公司予以政策上的倾斜，对其问询更少的问题。据此，提出假说 H4.2：

H4.2：同样是收到问询函，相比于非产业政策支持行业公司，产业政

① 例如，习近平主席提出“精准扶贫”后，各地方政府纷纷出台相关落地政策，证监会亦在 2016 年 9 月 9 日发布了《关于发挥资本市场作用服务国家脱贫攻坚战略的意见》，从政策支持、引导行业力量支持、加强定点扶贫支持等方面制定了全面的帮扶措施。又如，在国务院提出“大众创新、万众创业”概念后，上海股权托管交易中心设立科技创新企业股份转让系统，推出“科创板”予以响应。上述现象体现了一线部门“创造性”领会顶层设计意志的特征。

策支持行业公司被问询问题更少。

二、反腐败与交易所年报问询函出具

十八大以来，中国共产党更加雷厉风行地推行反腐倡廉工作，持续查处了一大批腐败违纪的高级公职人员，以期“把权力关进制度的笼子里”。本书认为，地方高级官员被查落马的事件对交易所的问询决策会产生影响。首先，落马高级官员位高权重，辖区企业，尤其是与之相关联的企业会伴随落马事件同时曝光。（官峰等，2018）这类企业信息披露质量普遍较低，问题较为严重（Chaney et al.，2011；Chen et al.，2010），交易所针对高级官员落马区域企业进行问询，有助于市场澄清争议或帮助投资者识别问题公司，进而起到稳定市场的功能。其次，限于沪深交易所以及地方证监局的级别，交易所以及地方证监局的发函决策会受到地方政府问题官员的干预，地方高级官员的落马缓解了监管部门调查问询的掣肘。最后据此，提出本书假说 H4.3：

假说 H4.3：沪深交易所在进行问询决策过程中融入了国家反腐败，即相比于注册地没有出现高级官员落马的企业，注册地出现高级官员落马地区的企业面临更高的问询概率。

进一步地，与假说 H4.3 逻辑保持一致，如果监管部门在进行问询决策过程中会融入国家反腐败政策方针，为降低自身将来因失职而被问责的风险，其会对高级官员落马辖区上市公司，尤其是与之潜在关联的公司保持更多的关注，对信息披露、政府补贴、税收等相关项目会投入更多的精力以挖掘潜在问题。此外，交易所对落马高级官员辖区上市公司投入更多的关注亦有助于那些潜在问题较小的被问询公司澄清争议，进而促进资本市场的稳定。因此，给定同样是出具问询函，相比于非落马官员辖区企业，监管部门更可能对那些落马官员辖区企业问询更多的问题。据此，提出假说 H4.4：

H4.4：同样是收到问询函，相比于注册地没有高级官员落马的企业，注册地存在高级官员落马地区的企业被问询问题更多。

第二节　样本选择

一、数据来源

本章实证分析研究区间为 2014 年至 2016 年，所用的公司财务数据及公司治理数据来自国泰安（CSMAR）公司研究数据库。内部控制数据来源于迪博公司每年发布的《中国上市公司内部控制指数》。公司是否被出具问询函以及问询函问题的多少系手工收集。具体地，本书整合了沪深交易所官网、万得（Wind）、国泰安（CSMAR）以及巨潮（Cninf）等数据库全文公告，并结合百度搜索引擎检索，确保指标度量的准确性。由于交易所年报问询函出具是次年年报披露之后，故相关变量无须取滞后项。

为了控制极端值对检验结果带来的偏误和影响，本章对所有连续变量在 1% 和 99% 分位数上实施了缩尾处理（winsorization）。为了缓解回归误差的自相关性，在公司层面上采用“聚类”（Cluster）的方法来调整系数估计值的标准误（Petersen，2009），同时使用 White（1980）方法对异方差进行调整，并据此计算回归系数的 p 值。

二、样本筛选和样本分布

本章选取 2014—2016 年所有 A 股上市公司作为初始样本。在剔除相关变量缺失的观察值后，得到用于本章实证分析的上市公司年度观察值为 7722 个，所选问询函数量年度和交易所分布如表 4. 1 所示。由于 2014 年相比之后样本显著更少，尤其是上交所仅有 100 个样本点，本书在稳健性测试过程中，分别剔除 2014 年上交所所有样本，以及 2014 年所有样本。整体上看，各年度问询函比例呈现逐年增加的趋势。此外，由于深交所同时监管主板、中小板以及创业板上市公司，其问询数量远高于上交所。

表 4. 1　问询函年度和交易所分布

Year	CL = 0	CL = 1	深交所	上交所	Total
2014	2，076	348	248	100	2，424
2015	1，946	595	456	139	2，541
2016	2，108	649	489	160	2，757
Total	6，130	1，592	1，193	399	7，722

表 4. 2 分别列示了收到问询函公司所处的地区和行业分布。从 Panel A 可以看出，经济水平最发达的五个省（含直辖市）中，注册地位于北京和上海的上市公司被问询概率最低（不足 16%），注册地位于江苏的上市公司被问询概率居中（18. 50%），而注册地位于广东和浙江的上市公司被问询概率较高（约 21. 1%）。而从五个少数民族自治区来看，注册地位于内蒙古自治区的上市公司被问询概率较低（18. 92%），而其他四个少数民族

自治区上市公司被问询概率更高。这与已有中国监管存在“扶贫效应”的研究并不一致。（张敏等，2017）

Panel B 列示了收到问询函公司所处的行业分布。① 整体上看，采掘业（B），电力、煤气及水的生产和供应业（D），交通运输、仓储业（F），信息技术业（G），社会服务业（K）、传播与文化业（L）以及制造业中的电子元器件制造业（C51），其他电子设备制造业（C57），专用设备制造业（C73）、交通运输设备制造业（C75），仪器仪表及文化、办公用机械制造业（C78），医药制造业（C81）、生物制品业（C85）等产业政策支持的行业被问询的概率较低，而诸如建筑业（E），造纸及纸制品业（C31），木材加工及竹、藤、棕、草制品业（C21），塑料制造业（C49），有色金属冶炼及压延加工业（C67），普通机械制造业（C71）等非产业政策支持的行业被问询的概率较高。本章后续部分将进一步通过单变量测试和多元回归结果进行验证。

表 4.2 问询函地区以及行业分布

Panel A **问询函地区分布**

Proname	CL = 0	CL = 1	Total	Ratio（%）	Rank
北京	558	83	641	12. 95%	1
陕西	98	17	115	14. 78%	2
上海	499	91	590	15. 42%	3
安徽	203	39	242	16. 12%	4

① 行业分类的标准按照证监会 2001 年的分类代码，制造业取 3 位，非制造业取 1 位。

续表

Proname	CL = 0	CL = 1	Total	Ratio（%）	Rank
甘肃	65	14	79	17.72%	5
重庆	101	22	123	17.89%	6
贵州	54	12	66	18.18%	7
江苏	608	138	746	18.50%	8
吉林	101	23	124	18.55%	9
湖南	185	43	228	18.86%	10
内蒙古	60	14	74	18.92%	11
河北	122	29	151	19.21%	12
湖北	201	48	249	19.28%	13
青海	24	6	30	20.00%	14
辽宁	176	45	221	20.36%	15
天津	93	24	117	20.51%	16
云南	69	18	87	20.69%	17
浙江	609	163	772	21.11%	18
广东	905	243	1，148	21.17%	19
黑龙江	84	23	107	21.50%	20
江西	82	23	105	21.90%	21
山东	358	101	459	22.00%	22
西藏	24	7	31	22.58%	23
四川	224	73	297	24.58%	24
福建	213	75	288	26.04%	25
新疆	86	32	118	27.12%	26
山西	66	26	92	28.26%	27
河南	143	60	203	29.56%	28
海南	62	27	89	30.34%	29
广西	64	30	94	31.91%	30

续表

Proname	CL = 0	CL = 1	Total	Ratio（%）	Rank
宁夏	18	18	36	50.00%	31
总计	6，155	1，567	7，722		

Panel B　**问询函行业分布**

Indgrp	Indname	ip_ d1	CL = 0	CL = 1	Total	Ratio（%）
A	农林牧渔业	1	82	53	135	39.26%
B	采掘业	1	168	30	198	15.15%
C01	食品加工业	0	85	36	121	29.75%
C03	食品制造业	0	71	18	89	20.22%
C05	酒精及饮料酒制造业	0	83	16	99	16.16%
C11	棉纺织业	0	97	39	136	28.68%
C13	服装及其他纤维制品制造业	0	63	17	80	21.25%
C14	皮革、毛皮、羽绒及制品制造业	0	13	3	16	18.75%
C21	木材加工及竹、藤、棕、草制品业	0	17	7	24	29.17%
C25	家具制造业	0	14	2	16	12.50%
C31	造纸及纸制品业	0	59	20	79	25.32%
C35	印刷业	0	18	3	21	14.29%
C37	文教体育用品制造业	1	26	12	38	31.58%
C41	石油加工及炼焦业	0	37	13	50	26.00%
C43	化学原料及化学制品制造业	1	377	134	511	26.22%
C47	化学纤维制造业	0	66	12	78	15.38%
C48	橡胶制造业	0	45	7	52	13.46%
C49	塑料制造业	0	91	30	121	24.79%

续表

Indgrp	Indname	ip_ d1	CL = 0	CL = 1	Total	Ratio（%）
C51	电子元器件制造业	1	280	67	347	19.31%
C55	日用电子器具制造业	0	41	16	57	28.07%
C57	其他电子设备制造业	1	66	14	80	17.50%
C61	非金属矿物制品业	0	166	53	219	24.20%
C65	黑色金属冶炼及压延加工业	0	79	17	96	17.71%
C67	有色金属冶炼及压延加工业	0	112	52	164	31.71%
C69	金属制品业	0	115	30	145	20.69%
C71	普通机械制造业	0	194	67	261	25.67%
C73	专用设备制造业	1	368	112	480	23.33%
C75	交通运输设备制造业	1	265	48	313	15.34%
C76	电器机械及器材制造业	0	335	92	427	21.55%
C78	仪器仪表及文化、办公用机械制造业	1	81	9	90	10.00%
C81	医药制造业	1	307	69	376	18.35%
C85	生物制品业	1	69	18	87	20.69%
C99	其他制造业	0	52	30	82	36.59%
D	电力、煤气及水的生产和供应业	1	213	21	234	8.97%
E	建筑业	0	127	43	170	25.29%
F	交通运输、仓储业	1	224	16	240	6.67%
G	信息技术业	1	529	131	660	19.85%
H	批发和零售贸易	0	334	58	392	14.80%
J	房地产业	0	326	63	389	16.20%
K	社会服务业	1	239	39	278	14.03%
L	传播与文化产业	1	102	18	120	15.00%
M	综合类	0	119	32	151	21.19%
Total			6，155	1，567	7，722	

第三节 研究设计与研究变量描述

一、研究模型和变量定义

参考 Ettredge et al. （2011）以及 Cassell et al. （2013）等的研究设计，本章采用模型 4. 1 来检验假说 H4. 1 和 H4. 3：

$$CL_{t+1} = \beta_0 + \beta_1 ip\_d1_t + \beta_2 anticorr1_t + \beta_3 size_t + \beta_4 lev_t + \beta_5 cr_t + \beta_6 roa_t + \beta_7 accural_t + \beta_8 otheraccrec_t + \beta_9 ic_t + \beta_{10} big4_t + \beta_{11} age_t + \beta_{12} exchange_t + \beta_{13} soe_t + Year + \xi \quad \text{（模型 4. 1）}$$

其中，CL 为哑变量，当公司年报出具后收到监管部门的问询函时，赋值为 1，否则为 0。ip _ d1 为产业政策变量，本章参考陈冬华等（2010）、陆正飞和韩非池（2013）、祝继高等（2015）等的做法，以政府“五年计划”中的产业政策作为考察对象开展研究。首先，“五年计划”是我国产业政策的根本与源头，也是制定各项具体产业政策的基础，据此度量产业政策更为准确。其次，“五年计划”由中共中央提议、国务院制定并最终经全国人大审议通过，具有很强的权威性。再次，相比于阶段性的产业政策，“五年计划”的作用时段清晰，以此度量产业政策噪音较小。最后，“五年计划”是对行业发展的总体规划，较少涉及行业内的具体技术与产品，将产业政策与上市公司进行匹配更为简便。当公司所处行业为产业政策（“十二五”和“十三五”规划）支持的行业时，赋值为 1，否则为 0。稳健性测试中，参考陈冬华等（2010）、祝继高等（2015），若某行业在相关年度被“五年计划”提到鼓励发展或者重点发展，则该行业内的所有上市公司即定义为受到产业政策的鼓励。

anticorr1 为反腐运动变量。参考王贤彬等（2017）的方法，若公司注册所在地当年有副省部级以上贪腐官员被查处，赋值为 1，否则为 0。副省部级以上高级别官员的调查数量一定程度上反映了中央领导层对贪腐违纪行为的打击力度。[①] 稳健性测试中，本章采用公司注册所在地省区该时期所调查的贪腐违纪案件所涉及的副省部级以上官员人数作为替代指标。

控制变量方面，参考 Ettredge et al.（2011）以及 Cassell et al.（2013）等的研究，控制了与公司债务相关的公司规模（size）、公司杠杆（lev）、流动性（cr）、公司盈利能力（roa）、总应计（accural）、其他应收款（otheraccrec）、内部控制水平（ic）、是否为四大会计师事务所进行审计（big4）、公司年龄（age）以及公司产权（soe）等变量的影响。此外，还在模型中加入了年度哑变量 Year，以控制年度固定效应。

模型 4.2 的研究设计与模型 4.1 相类似，本章采用模型 4.2 来检验假说 H4.2 和 H4.4：

$$
\begin{aligned}
number_{t+1} = {} & \beta_0 + \beta_1 ip\_d1_t + \beta_2 anticorr1_t + \beta_3 size_t + \beta_4 lev_t \\
& + \beta_5 cr_t + \beta_6 roa_t + \beta_7 accural_t + \beta_8 otheraccrec_t + \beta_9 ic_t \\
& + \beta_{10} big4_t + \beta_{11} age_t + \beta_{12} exchange_t + \beta_{13} soe_t + Year + \xi
\end{aligned}
$$

（模型 4.2）

---

① 两点说明：第一，被调查的贪腐违纪的副省部级以上官员数据，来自公众可得的公开资料；但本书收集的样本可能并非落马高官的全部。但是，由于中国在反腐进程中越来越重视透视性，早期的案件也普遍予以公布，因此本书的副省部级以上贪腐官员样本可以覆盖绝大部分。第二，副省部级以上贪腐官员指的是各个省及其以下党政机关系统中的贪腐官员，而没有包括中央部委、央企系统以及军队系统，因为这些样本无法精确地分配到各个省区。

其中，number 为收到的问询函中问题数量的对数，由于被解释变量为非负整数，本章采用 Possion 回归和负二项回归方式进行稳健性测试。其他控制变量选取和计算同模型 4. 1。

表 4. 3　主要变量定义及其计算方法

CL	收到问询函	当公司收到定期报告问询函时（包含年报、半年报和季报问询函），赋值为 1，否则为 0
number	问询问题个数	收到问询函公司问题个数 +1 的自然对数
ip_ d1	产业政策	参考陈冬华等（2010）、陆正飞和韩非池（2013）以及祝继高等（2015）的方法，采用“五年计划”中关于行业的发展规划来衡量产业政策
ip_ d2	产业政策强度	“五年计划”重点支持行业赋值为 2，明确鼓励赋值为 1，否则为 0
anticorr1	官员落马	参考王贤彬等（2017）的方法，若当年公司注册所在地发生省部级官员落马赋值为 1，否则为 0
anticorr2	官员落马强度	当年公司注册地省部级官员落马人数
size	公司规模	年末总资产的自然对数
lev	杠杆率	年末负债/年末总资产
cr	流动性	年末流动资产/年末流动负债
roa	盈利能力	净利润/年末总资产
accural	总应计	（净利润 - 经营现金流）/年末总资产
otheraccrec	大股东占款	其他应收款/总资产
ic	内控质量	用迪博内控指数的自然对数衡量
big4	审计质量	当审计师事务所为国际四大时赋值为 1，否则为 0
age	上市年龄	上市年龄

续表

exchange	挂牌交易所	挂牌上交所赋值为1，否则为0
soe	产权性质	实际控制人性质为国有时取值为1，否则取0

根据假说 H4.1，监管部门在进行问询决策过程中会考虑国家产业政策方针，即相比于产业政策扶持型行业公司，非产业政策扶持型行业公司面临更高的问询概率。因此，预期模型4.1中产业政策 ip_ a1 的回归系数显著为负。根据假说 H4.3，相比于注册地没有高级官员落马的企业，注册地存在高级官员落马地区的企业面临更高的问询概率。因此，预期模型4.1中反腐运动 anticorr1 的回归系数显著为正。

根据假说 H4.2，监管部门在进行问询决策过程中会考虑国家产业政策方针，即相比于产业政策扶持型行业公司，非产业政策扶持型行业公司被问询问题更多。因此，预期模型4.2中产业政策 ip_ d1 的回归系数显著为负。根据假说 H4.4，相比于注册地没有高级官员落马的企业，注册地存在高级官员落马地区的企业被问询问题更多。因此，预期模型4.2中反腐运动 anticorr1 的回归系数显著为正。

二、主要变量的样本描述

（一）主要变量的描述性统计

表4.4报告了本章主要变量的描述性统计，样本观测值共7722个。被解释变量方面，CL的均值为0.203，表明样本中20.3%的上市公司在公布年报后收到交易所的事后问询函。在收到问询函的子样本中，平均每个公司收到约8个问题（中位数为7个）。主要解释变量方面，53.7%样本公

司所处行业为产业政策支持的行业，其中 85.82% 样本为重点支持行业，14.18% 样本为鼓励发展行业；约 70.2% 样本公司所在省区发生高级官员落马，经过缩尾处理后的高级落马官员人数 anticorr2 最多为 3 人。

控制变量方面，公司规模 size 的均值为 22.02，标准差为 1.300，从极值和分位数来看，样本公司规模存在显著的差异；公司财务杠杆 lev 的均值为 0.573，标准差为 0.581，最小值和最大值分别为 0.046 和 1.596，说明样本公司杠杆水平存在较高的异质性；流动比率 cr 的均值为 2.328，标准差为 2.522；总资产收益率 roa 的均值为 0.046，标准差为 0.079，说明中国上市公司整体保持一定的盈利能力；总应计 accural 的均值为 -0.003，标准差为 0.104；其他应收款 otheraccrec 均值为 0.017，说明约 2% 的资金被非经营性占用。经对数化处理后的内部控制质量指数 ic 均值为 6.175，最小值和最大值分别为 0 和 6.721，说明样本公司内控质量存在较大的异质性；age 的均值为 2.268，标准差为 0.693。此外，37.3% 的样本公司为国有产权，说明近几年民营企业上市数量相比于国有企业上市数量增长速度较快。整体来看，样本公司的财务和治理变量基本符合正态分布特征并在样本期间内呈现一定的差异性。

表 4.4　主要变量的描述性统计

variable	N	sd	mean	p25	p50	p75	min	max
CL	7722	0.402	0.203	0	0	0	0	1
number	1566	3.515	7.999	5	7	10	1	17
ip_ d1	7722	0.499	0.537	0	1	1	0	1
ip_ d2	7722	0.961	0.998	0	1	2	0	2
anticorr1	7722	0.457	0.702	0	1	1	0	1

续表

variable	N	sd	mean	p25	p50	p75	min	max
anticorr2	7722	0. 832	1. 003	0	1	2	0	3
size	7722	1. 300	22. 02	21. 11	21. 85	22. 74	18. 93	26. 63
lev	7722	0. 581	0. 573	0. 306	0. 492	0. 701	0. 046	1. 596
cr	7722	2. 522	2. 328	1. 095	1. 615	2. 571	0. 187	20. 85
roa	7722	0. 079	0. 046	0. 011	0. 036	0. 074	-0. 236	0. 541
accural	7722	0. 104	-0. 003	-0. 052	-0. 010	0. 033	-0. 399	0. 623
otheraccrec	7722	0. 028	0. 017	0. 003	0. 007	0. 018	0. 000	0. 229
ic	7722	1. 361	6. 175	6. 416	6. 488	6. 546	0	6. 721
big4	7722	0. 224	0. 0530	0	0	0	0	1
age	7722	0. 693	2. 268	1. 792	2. 398	2. 890	0. 693	3. 219
soe	7722	0. 484	0. 373	0	0	1	0	1

（二）相关系数表

表4. 5 报告了本章主要变量的 Pearson 相关系数。结果表明，公司是否收到监管部门出具的年报问询函 CL 与公司处于产业政策支持行业 ip_ d1 显著负相关，与公司所在地发生高级官员落马 anticorr1 显著正相关，并通过 1% 置信水平的统计检验。类似地，公司收到问询函问题的数量与公司处于产业政策支持行业 ip_ d1 显著负相关，与公司所在地发生高级官员落马显著正相关，并通过 1% 置信水平的统计检验。在公司财务特征方面，公司规模越大，资金流动性越强，盈利能力越好，收到问询的概率更低，而公司财务杠杆越高，大股东占款比重越高，越容易被监管问询。在治理特征方面，内控质量更高、由四大会计事务所进行审计以及成立时间更久的公司收到问询函的概率更低；此外，相比于民营企业，国有企业收到问

询函的概率更低。这说明国有企业天然的政治联系使其收到问询函的概率降低。类似地，给定同样是收到问询函，上述财务特征和治理特征亦显著影响问询函问题的数量。这说明交易所作为一线监管部门，在问询函出具过程中确实融入了国家产业政策以及反腐运动。尽管如此，上述相关系数检验并未控制其他因素的影响，需要借助多元回归进行进一步的检验和分析。此外，表 4.5 的主要变量相关系数表中的相关系数均未超过 0.45，表明不存在多重共线性问题。

表 4.5　主要变量相关系数

	CL	anticorr1	number	ip_ d1	soe	size	lev	cr
CL								
anticorr1	0.087 * * *							
number	0.0146	0.090 * * *						
ip_ d1	-0.040 * * *	-0.033 * * *	-0.044 * * *					
soe	-0.139 * * *	-0.100 * * *	-0.135 * * *	0.042 * * *				
size	-0.112 * * *	-0.046 * * *	-0.094 * * *	-0.084 * * *	0.392 * * *			
lev	0.047 * * *	-0.002	0.044 * * *	-0.084 * * *	0.076 * * *	0.079 * * *		
cr	-0.023 * *	0.001	-0.065 * * *	0.085 * * *	-0.196 * * *	-0.295 * * *	-0.264 * * *	
roa	-0.133 * * *	0.010	-0.203 * * *	0.067 * * *	-0.159 * * *	-0.108 * * *	0.239 * * *	0.167 * * *
accural	-0.006	-0.031 * * *	-0.031 * * *	0.009	-0.106 * * *	-0.107 * * *	0.185 * * *	0.116 * * *
otheraccrec	0.095 * * *	-0.017	0.094 * * *	-0.056 * * *	-0.008	-0.010	0.098 * * *	-0.059 * * *
ic	-0.200 * * *	0.001	-0.229 * * *	0.009	-0.037 * * *	0.087 * * *	-0.101 * * *	0.044 * * *
big4	-0.065 * * *	-0.039 * * *	-0.066 * * *	0.003	0.147 * * *	0.359 * * *	0.040 * * *	-0.073 * * *
age	-0.044 * * *	-0.047 * * *	-0.039 * * *	-0.121 * * *	0.448 * * *	0.315 * * *	0.174 * * *	-0.240 * * *

	roa	accural	otheraccrec	ic	big4	age		
accural	0.384 * * *							
otheraccrec	-0.088 * * *	0.049 * * *						
ic	0.200 * * *	0.084 * * *	-0.123 * * *					
big4	0.021 *	-0.057 * * *	-0.007	0.044 * * *				
age	-0.157 * * *	-0.065 * * *	0.135 * * *	-0.126 * * *	0.084 * * *			

注：*、**、***分别表示在10%、5%、1%的置信水平上显著（双尾检验）。

表4.6报告了假说H4.1至假说H4.4的单变量测试结果。Panel A中，根据产业政策ip_ d1哑变量分为两组，可以发现，产业政策支持组样本平均被问询概率为18.7%，而非产业支持组平均被问询概率为22.1%，产业政策支持组样本平均被问询概率在1%水平上显著低于非产业支持组，这初步支持假说H4.1。根据反腐运动anticorr哑变量分为两组，可以发现，公司注册所在地出现官员落马组被问询概率为22.2%，而未出现官员落马组被问询概率仅为15.7%，官员落马组样本平均被问询概率在1%水平上显著高于非官员落马组，这初步支持假说H4.3。

类似地，Panel B中，根据产业政策ip_ d1哑变量分为两组，可以发现，产业政策支持组样本平均被问询问题数量为7.688个，而非产业支持组平均被问询问题数量为8.244个，产业政策支持组样本平均被问询问题数量在1%水平上显著低于非产业支持组，这初步支持假说H4.2。根据反腐运动anticorr哑变量分为两组，可以发现，公司注册所在地出现官员落马组平均被问询问题数量为8.083个，而未出现官员落马组被问询问题数量为7.642个，官员落马组样本平均被问询问题数量在1%水平上显著高于非官员落马组，这初步支持假说H4.4。

表4.6 单变量测试结果

Panel A

组别	样本	CL			
		均值	中值	T值	Z值
ip_ d1 =1	4149	0.187	0	3.574***	3.572***
ip_ d1 =0	3573	0.221	0		

续表

组别	样本	CL			
		均值	中值	T 值	Z 值
anticorr1 = 1	5421	0. 222	0	-6. 508***	-6. 491***
anticorr1 = 0	2301	0. 157	0		

Panel B

组别	样本	CL			
		均值	中值	T 值	Z 值
ip_ d1 = 1	778	7. 688	7	3. 304***	3. 451***
ip_ d1 = 0	784	8. 244	8		
组别	样本	number			
		均值	中值	T 值	Z 值
anticorr1 = 1	1201	8. 083	7	-2. 102**	-2. 741***
anticorr1 = 0	361	7. 642	7		

注：*、**、***分别表示在 10 %、5 %、1 % 的置信水平上显著（双尾检验）。

第四节　实证检验结果

一、交易所年报问询函出具影响因素分析

表 4. 7 报告了假说 H4. 1 和 H4. 3 的检验结果。第（1）列是未加入控制变量的回归结果，第（2）列是仅加入公司业绩和治理等控制变量的回

归结果，第（3）列至第（5）列加入了控制变量和年度以及行业哑变量的回归结果。因变量为公司是否收到问询函 CL。从回归结果上看，产业政策变量 ip_ d1 和反腐运动变量 anticorr1 分别在 1% 和 5% 的置信水平上显著负相关和正相关。检验结果说明，交易所作为一线监管部门，在问询函出具过程中确实融入了国家产业政策以及反腐运动，验证了假说 H4. 1 和 H4. 3。

此外，第（2）列的拟合优度为 0. 1154，第（3）列的拟合优度为 0. 1316，也就是说，产业政策变量 ip_ d1 和反腐运动变量 anticorr1 在原有公司业绩和治理指标的基础上，增强了模型的解释力。如表 4. 1 所示，2014 年以及 2014 年上交所问询样本过低，这可能对研究结论产生一定的影响。本章在第（4）列和第（5）中分别剔除了 2014 年上交所样本和 2014 年所有样本，研究结果保持不变。

控制变量方面，公司规模 size、资产流动性 cr、总资产收益率 roa 以及内部控制质量 ic 与公司收到问询函 CL 显著负相关，说明质地越好的公司越不容易被监管部门问询。另一方面，公司杠杆率 lev、总应计 accural、其他应收款 otheraccrec 等指标越高，公司越容易被监管问询。这说明，监管整体上能够挑出“坏苹果”。此外，国有产权 soe 与公司收到问询函 CL 显著负相关，说明国有产权基于其先天的政治联系，降低了被问询的概率。其他部分控制变量与预期相符，但未通过显著性检验。

表 4.7　上市公司是否收到定期报告问询函因素分析

VARIABLES	(1) CL	(2) CL	(3) CL	(4) CL	(5) CL
ip_ d1	-0.883*** (0.001)		-0.822*** (0.010)	-1.026*** (0.003)	-0.897** (0.023)
anticorr	0.236*** (0.001)		0.162** (0.029)	0.184** (0.019)	0.217** (0.020)
size		-0.098*** (0.002)	-0.097*** (0.003)	-0.099*** (0.004)	-0.136*** (0.000)
lev		0.300*** (0.000)	0.300*** (0.000)	0.330*** (0.000)	0.292*** (0.001)
cr		-0.032** (0.041)	-0.031** (0.042)	-0.031* (0.050)	-0.026 (0.152)
roa		-5.684*** (0.000)	-5.705*** (0.000)	-6.187*** (0.000)	-5.912*** (0.000)
accural		1.244*** (0.001)	1.272*** (0.001)	1.272*** (0.002)	1.368*** (0.002)
otheraccrec		5.861*** (0.000)	5.867*** (0.000)	5.949*** (0.000)	6.089*** (0.000)
ic		-0.234*** (0.000)	-0.234*** (0.000)	-0.247*** (0.000)	-0.261*** (0.000)
exchange		-0.818*** (0.000)	-0.804*** (0.000)	-0.832*** (0.000)	-0.867*** (0.000)
big4		-0.148 (0.425)	-0.150 (0.422)	-0.164 (0.413)	-0.025 (0.903)

续表

VARIABLES	(1) CL	(2) CL	(3) CL	(4) CL	(5) CL
age		0.099* (0.069)	0.097* (0.077)	0.080 (0.164)	0.137** (0.031)
soe		-0.665*** (0.000)	-0.656*** (0.000)	-0.683*** (0.000)	-0.642*** (0.000)
Constant	8.387*** (0.000)	1.562 (0.473)	2.227 (0.310)	3.574 (0.116)	4.901** (0.024)
Year	—	控制	控制	控制	控制
Industry	—	控制	控制	控制	控制
Obs	7，722	7，722	7，722	6，811	5，298
Pseudo R2	0.0401	0.1154	0.1316	0.1275	0.1325

注：所有系数估计值都使用异方差调整得到的稳健性标准误，括号内给出调整后的p值。*、**、***分别表示在10%、5%、1%的置信水平上显著（双尾检验）。

二、交易所年报问询函问题数量影响因素分析

表4.8报告了假说H4.2和H4.4的检验结果，即在控制公司财务和治理指标的基础上，考察产业政策变量ip_ d1和反腐运动变量anticorr1对公司收到问询函问题数量的影响。因变量为公司收到问询函中问题的数量number，第（1）列是未加入控制变量的回归结果，第（2）列是仅加入公司财务和治理等控制变量的回归结果，第（3）列至第（5）列是加入了控制变量和年度以及行业哑变量的回归结果。产业政策ip_ d1系数在第（1）、（3）、（4）、（5）分别为-0.575、-0.517、-0.463和-0.657，p值分别为0.010、0.009、0.021和0.001，均通过了置信水平（至少在

5%）的统计检验。检验结果表明，受产业政策支持的行业公司被问询问题数量显著低于非产业支持行业公司，验证了假说 H4.2。反腐运动 anticorr1 系数在第（1）、（3）、（4）、（5）分别为 0.477、0.578、0.467 和 0.389，p 值分别为 0.029、0.007、0.030 和 0.105，均基本通过了置信水平的统计检验。检验结果表明，相比于公司注册所在地未出现官员落马的公司，那些公司注册所在地出现官员落马的公司被问询问题数量显著更高，验证了假说 H4.4。

此外，第（2）列的拟合优度为 0.2104，第（3）列的拟合优度为 0.2306，也就是说，产业政策变量 ip_ d1 和反腐运动变量 anticorr 在原有公司业绩和治理指标的基础上，增强了模型的解释力。考虑到 2014 年以及 2014 年上交所问询样本过低进而造成回归偏误，本章在第（4）列和第（5）中分别剔除了 2014 年上交所样本和 2014 年所有样本，研究结果并无系统性差异。

控制变量方面，资产流动性 cr、总资产收益率 roa 以及内部控制质量 ic 与公司问询函问题数量显著负相关，说明质地越好的公司，收到的问询问题越少。另一方面，公司杠杆率 lev、总应计 accural、其他应收款 otheraccrec 等指标越高，公司收到的问询问题越多。这说明，监管整体上能够挑出“坏苹果”。国有产权 soe 与公司收到问询问题数量显著负相关，说明国有产权基于其先天的政治联系，降低了被问询问题的数量。有趣的是，exchange 在表 4.7 中在 1% 水平上显著为负，而在表 4.8 中 1% 水平上显著为正，说明尽管上交所问询函发出的数量较少，但一旦发出，其问询问题反而更多。其他部分控制变量与预期相符，但未通过显著性检验。

表 4.8 交易所年报问询函问题数量影响因素分析

VARIABLES	(1) CL	(2) CL	(3) CL	(4) CL	(5) CL
ip_ d1	-0.575*** (0.010)		-0.517*** (0.009)	-0.463** (0.021)	-0.657*** (0.001)
anticorr1	0.477** (0.029)		0.578*** (0.007)	0.467** (0.030)	0.389 (0.105)
size		0.173* (0.065)	0.147 (0.115)	0.080 (0.409)	0.060 (0.531)
lev		0.297* (0.085)	0.281 (0.104)	0.385*** (0.010)	0.442*** (0.002)
cr		-0.108*** (0.001)	-0.101*** (0.001)	-0.096*** (0.001)	-0.103** (0.012)
roa		-3.925*** (0.000)	-4.139*** (0.000)	-4.904*** (0.000)	-4.763*** (0.000)
accural		3.008*** (0.000)	3.215*** (0.000)	2.916*** (0.000)	2.643*** (0.002)
otheraccrec		10.540*** (0.000)	10.305*** (0.000)	11.356*** (0.000)	10.966*** (0.000)
ic		-0.228*** (0.000)	-0.231*** (0.000)	-0.231*** (0.000)	-0.233*** (0.000)
exchange		1.240*** (0.000)	1.305*** (0.000)	1.257*** (0.000)	1.254*** (0.000)
big4		-0.476 (0.389)	-0.380 (0.498)	-0.486 (0.419)	-0.459 (0.423)

续表

VARIABLES	(1) CL	(2) CL	(3) CL	(4) CL	(5) CL
soe		-0.546** (0.022)	-0.467** (0.047)	-0.408* (0.092)	-0.375 (0.119)
age		1.075*** (0.000)	1.070*** (0.000)	1.016*** (0.000)	1.059*** (0.000)
Constant	8.387*** (0.000)	1.562 (0.473)	2.227 (0.310)	3.574 (0.116)	4.901** (0.024)
Year	—	控制	控制	控制	控制
Industry	—	控制	控制	控制	控制
Observations	1，562	1，562	1，562	1，477	1，229
R-squared	0.0333	0.2104	0.2306	0.2385	0.2082

注：所有系数估计值都使用异方差调整和公司聚类调整得到的稳健性标准误，并在括号内给出调整后的p值。*、**、***分别表示在10%、5%、1%的置信水平上显著（双尾检验）。

第五节　稳健性检验

一、替换变量定义

为保证研究结论的可靠性，本书对被解释变量和核心解释变量寻找替代性指标予以测度。(1) 前文通过公司是否处于产业政策支持的行业这一哑变量来度量企业所处行业是否受国家政策所扶持，稳健性测试部分进一步将产业政策支持行业细分为鼓励发展行业和重点发展行业，并形成排序变量 ip_ d2。当公司处于产业政策重点发展行业时，赋值为 2，鼓励发展行业时，赋值为 1，否则为 0，即该值越大，表明所处行业更受产业政策支持。（2）前文通过检索公司注册所在地是否发生省部级高级官员落马这一哑变量来度量企业所处地区信息环境，稳健性测试部分进一步将省部级高级官员落马人数 anticorr2 作为地区信息环境的替代指标。该值越大，说明公司注册所在地反腐运动发展越深入，与之相关的企业潜在问题可能越多。（3）前文中通过采用公司收函问题数量来刻画公司潜在问题的程度，这一结果可能受异常值的影响。如表 4. 4 描述性统计所示，经缩尾处理后的 number 变量最小值为 1，而最大值为 17，中位数 7 小于均值 7. 999，说明该数据存在一定的右偏情形。为保证研究结果的可靠性，稳健性测试中，本书对收函问题个数取自然对数 lnnumber 以降低异常值对回归结果的影响。其他控制变量与前文保持一致。

表 4. 9 报告了假说 H4. 1 至 H4. 4 的回归结果。在第（1）列至第（3）列中，产业政策支持哑变量 ip_ d1 与公司收到问询函概率均至少在 5% 水平上显著负相关，支持假说 H4. 1 的预测；公司所在地高级官员落马人数 anticorr2 与公司收到问询函概率基本在 5% 水平上显著正相关，支持假说 H4. 2 的预测；在第（4）列至第（6）列中，产业政策替代性指标 ip_ d2 与公司收函问题数量 lnnumber 在 1% 水平上显著负相关，支持假说 H4. 3 的预测；而公司所在地高级官员落马哑变量 anticorr 与公司收函问题数量 lnnumber 在至少 5% 水平上显著正相关，支持假说 H4. 4 的预测。以上结果表明，变更被解释变量和核心解释变量没有对本章实证结果造成实质性影

响，本章所得实证发现较为稳健。此外，控制变量与前文基本保持一致，在此不再进行赘述。

表 4.9　上市公司是否收到定期报告问询函以及问询问题数量因素分析（稳）

VARIABLES	(1) CL	(2) CL	(3) CL	(4) lnnumber	(5) lnnumber	(6) lnnumber
ip_ d1	-0. 181** (0. 013)	-0. 198*** (0. 008)	-0. 237*** (0. 005)			
anticorr2	0. 073* (0. 053)	0. 086** (0. 029)	0. 109** (0. 016)			
ip_ d2				-0. 042*** (0. 001)	-0. 039*** (0. 002)	-0. 047*** (0. 001)
anticorr1				0. 092*** (0. 000)	0. 079*** (0. 003)	0. 066** (0. 031)
size	-0. 111*** (0. 000)	-0. 115*** (0. 001)	-0. 147*** (0. 000)	0. 023** (0. 031)	0. 017 (0. 136)	0. 010 (0. 407)
lev	0. 331*** (0. 000)	0. 362*** (0. 000)	0. 332*** (0. 000)	0. 033* (0. 054)	0. 051*** (0. 005)	0. 057*** (0. 002)
cr	-0. 035** (0. 022)	-0. 036** (0. 023)	-0. 031* (0. 079)	-0. 014*** (0. 004)	-0. 013*** (0. 007)	-0. 014*** (0. 008)
roa	-5. 854*** (0. 000)	-6. 362*** (0. 000)	-6. 068*** (0. 000)	-0. 583*** (0. 000)	-0. 695*** (0. 000)	-0. 659*** (0. 000)
accural	1. 226*** (0. 001)	1. 178*** (0. 003)	1. 281*** (0. 004)	0. 379*** (0. 000)	0. 343*** (0. 001)	0. 291*** (0. 007)
otheraccrec	5. 252*** (0. 000)	5. 200*** (0. 000)	5. 638*** (0. 000)	1. 033*** (0. 001)	1. 118*** (0. 000)	1. 031*** (0. 001)

续表

VARIABLES	(1) CL	(2) CL	(3) CL	(4) lnnumber	(5) lnnumber	(6) lnnumber
ic	-0.235*** (0.000)	-0.248*** (0.000)	-0.264*** (0.000)	-0.026*** (0.000)	-0.026*** (0.000)	-0.026*** (0.000)
exchange	-0.813*** (0.000)	-0.841*** (0.000)	-0.873*** (0.000)	0.147*** (0.000)	0.136*** (0.000)	0.140*** (0.000)
big4	-0.160 (0.390)	-0.170 (0.395)	-0.034 (0.869)	-0.060 (0.379)	-0.075 (0.293)	-0.074 (0.310)
age	0.075 (0.154)	0.051 (0.359)	0.119** (0.050)	0.141*** (0.000)	0.134*** (0.000)	0.134*** (0.000)
soe	-0.630*** (0.000)	-0.650*** (0.000)	-0.621*** (0.000)	-0.078*** (0.006)	-0.073** (0.011)	-0.062** (0.042)
Constant	4.113*** (0.000)	4.390*** (0.000)	5.756*** (0.000)	1.127*** (0.000)	1.252*** (0.000)	1.523*** (0.000)
Year	控制	控制	控制	控制	控制	控制
Industry	控制	控制	控制	控制	控制	控制
Observations	7,722	6,811	5,298	1,562	1,481	1,233
Pseudo R^2/R^2	0.1434	0.1121	0.1193	0.1961	0.2040	0.1797

注：所有系数估计值都使用异方差调整和公司聚类调整得到的稳健性标准误，并在括号内给出调整后的p值。*、**、***分别表示在10%、5%、1%的置信水平上显著（双尾检验）。

二、采用泊松回归和负二项回归

考虑到假说 H4.2 和 H4.4 中，被解释变量问询问题个数 number 为数值变量，不能满足 OLS 回归中因变量在正负无穷连续分布的假定。本书参考 Rock et al.（2000）的研究，采用泊松回归和负二项回归重新进行检验。①

表 4.10 第（1）列至第（3）列报告了采用泊松回归的结果，第（4）列至第（6）列报告了采用负二项回归的结果。结果表明，产业政策变量 ip_ d1 与公司被问询概率 CL 和给定收到问询函时的问询问题个数 number 显著负相关，而公司注册所在地官员落马变量 anticorr1 与公司被问询概率 CL 和给定收到问询函时的问询问题个数 number 显著正相关，假说 H4.1 至 H4.4 的预测再次被验证。以上结果表明，变更被解释变量和核心解释变量以及改变回归模型均没有对本章实证结果造成实质性影响，本章所得实证发现较为稳健。

表 4.10　泊松回归和负二项回归（稳）

	(1)	(2)	(3)	(4)	(6)	(8)
回归方法	Poisson	Poisson	Poisson	Nbreg	Nbreg	Nbreg
VARIABLES	number	number	number	number	number	number
ip_ d1	-0.039**	-0.031*	-0.043**	-0.039*	-0.031	-0.043**
	(0.034)	(0.100)	(0.033)	(0.052)	(0.128)	(0.049)

① 相比于泊松回归，负二项回归并不要求满足泊松分布的期望与方差相等（均等分散）。

续表

	(1)	(2)	(3)	(4)	(6)	(8)
回归方法	Poisson	Poisson	Poisson	Nbreg	Nbreg	Nbreg
VARIABLES	number	number	number	number	number	number
anticorr1	0.070***	0.059**	0.048*	0.070***	0.059**	0.047
	(0.002)	(0.013)	(0.070)	(0.005)	(0.021)	(0.102)
size	0.020**	0.012	0.009	0.020**	0.012	0.009
	(0.029)	(0.198)	(0.387)	(0.044)	(0.227)	(0.428)
lev	0.029**	0.040***	0.043***	0.030**	0.041***	0.044***
	(0.033)	(0.005)	(0.003)	(0.048)	(0.009)	(0.006)
cr	-0.016***	-0.015***	-0.016***	-0.015***	-0.014***	-0.015***
	(0.001)	(0.001)	(0.002)	(0.002)	(0.003)	(0.004)
roa	-0.537***	-0.636***	-0.611***	-0.541***	-0.638***	-0.612***
	(0.000)	(0.000)	(0.000)	(0.000)	(0.000)	(0.000)
accural	0.385***	0.362***	0.308***	0.377***	0.357***	0.300***
	(0.000)	(0.000)	(0.001)	(0.000)	(0.000)	(0.002)
otheraccrec	1.099***	1.152***	1.081***	1.111***	1.163***	1.088***
	(0.000)	(0.000)	(0.000)	(0.000)	(0.000)	(0.000)
ic	-0.025***	-0.026***	-0.025***	-0.025***	-0.026***	-0.025***
	(0.000)	(0.000)	(0.000)	(0.000)	(0.000)	(0.000)
exchange	0.146***	0.135***	0.135***	0.150***	0.138***	0.139***
	(0.000)	(0.000)	(0.000)	(0.000)	(0.000)	(0.000)
big4	-0.062	-0.074	-0.069	-0.066	-0.076	-0.071
	(0.299)	(0.258)	(0.298)	(0.315)	(0.278)	(0.322)
age	0.124***	0.115***	0.115***	0.123***	0.115***	0.115***
	(0.000)	(0.000)	(0.000)	(0.000)	(0.000)	(0.000)
soe	-0.063***	-0.055**	-0.050*	-0.065**	-0.057**	-0.052*
	(0.007)	(0.025)	(0.054)	(0.012)	(0.034)	(0.069)

续表

	(1)	(2)	(3)	(4)	(6)	(8)
回归方法	Poisson	Poisson	Poisson	Nbreg	Nbreg	Nbreg
VARIABLES	number	number	number	number	number	number
Constant	1.214*** (0.000)	1.378*** (0.000)	1.556*** (0.000)	1.203*** (0.000)	1.370*** (0.000)	1.551*** (0.000)
Year	控制	控制	控制	控制	控制	控制
Industry	控制	控制	控制	控制	控制	控制
Observations	1，562	1，481	1，233	1，562	1，481	1，233
Pseudo R^2	0.0618	0.0636	0.0565	0.0483	0.0498	0.0443

注：所有系数估计值都使用异方差调整和公司聚类调整得到的稳健性标准误，并在括号内给出调整后的 p 值。*、**、***分别表示在 10 %、5 %、1 %的置信水平上显著（双尾检验）。

第六节　本章结论

一、本章结论

本章借助沪深交易所年报问询机制，选取 2015—2017 年收到证券交易所年报问询函的企业为研究样本（分别对应 2014—2016 年的年报问询函），基于产权经济学的研究范式（Wong，2016；李增泉，2017），以国家产业政策以及反腐败为切入点，考察交易所在年报问询中是否存在选择性监管。研究结果发现，在控制公司业绩和治理特征的基础上，公司所处行业特征和地区腐败特征显著影响了交易所的问询函发函决策，即受国家产业政策支持的行业公司收到年报问询函的概率更低，而注册地发生高级官员落马的公司则面临更高的年报问询概率。进一步地，同样是收到年报问询函，产业政策支持的行业公司收到年报问询函问题数量更少，而注册地发生高级官员落马的公司被问询的问题更多。这说明，中国交易所在年报问询决策中确实存在选择性。

二、研究贡献

本章的研究贡献主要体现在以下两方面。

（1）本章借助产权经济学分析工具，一定程度上打开了交易所年报问询行为决策的黑箱。已有关于年报问询函的文献仅从上市公司业绩和治理特征视角回答哪些因素会增加企业收到年报问询函的可能性，但是在政府力量占重要地位的中国，交易所年报问询函与美国SEC意见信在问询选择上可能存在系统性的差异。本书的研究表明，交易所在问询决策中纳入了国家产业政策和反腐运动，因而在一定程度上打开了交易所年报问询行为决策的黑箱。

（2）本章借助年报问询机制这一特殊场景，丰富了选择性监管文献。现有文献表明，监管对象的政治背景、所在地经济发展状况和证券市场的发展阶段会影响证监会选择性监管行为。（戴治勇和杨晓维，2006；Chen et al.，2011；Chen et al.，2012；张敏等，2017）本书借助年报问询这一新型机制发现，在转型中国，监管部门在监管过程中更可能融入中央顶层设计进行监管，因而从政治（政策倾斜以及政治成本）角度拓展了选择性执法相关文献研究。

第五章

选择性问询下市场信息解读能力

在当前简政放权的大背景下，资本市场信息监管模式也从传统的先由监管部门实质性审核再向市场披露模式转向上市公司先自主披露再由交易所事后审核模式。已有关于交易所一线监管功能有效性的文献并未得出一致的结论。（朱伟骅，2003；陈工孟和高宁，2005；黎文靖，2007）那么，以证券交易所年报问询函为代表的交易所治理有效性，成为本章研究的重点。具体地，本章考虑如下问题：（1）以交易所问询函为代表的事后方式是否具有信息含量，即市场是否认可交易所的监管功能？（2）第四章的理论分析和实证检验表明，交易所在问询函出具决策过程中融入了国家产业政策和反腐运动进行考量。本章在第四章的基础上进一步考察市场对不同类型（产业政策支持组与非产业政策支持组、高级官员落马组和非高级官员落马组）问询函是否存在异质性的反应。

给定问询函的出具存在选择性，中国投资者在解读不同的年报问询函时，是消化了问询的选择性还是产生了过度反应是一个值得探讨的问题。该问题的探讨有助于更深刻地理解中国市场信息解读能力和市场运行机制。

第一节 理论分析与研究假说

一、交易所年报问询函的信息含量

随着监管转型的层层深入，监管机构（尤其是两大证券交易所）2014年年底开始密集对上市公司出具问询函①，上市公司收到交易所年报问询函数量逐年递增，2014—2016年间分别有329、592和646家公司收到交易所年报问询函，并引发了强烈的市场反应。交易所监管是否具有信息含量，是指交易所问询函是否反映了已经隐含在股票价格里的因素，以及交易所问询函的公布是否会向股票市场传递新的信息。给定弱式有效市场，如果交易所问询函的公布能产生显著的非正常收益，就说明交易所问询函具备信息含量。公司治理好、会计信息质量高都是公司质地优良的一种间接信号。（Titman and Trueman，1986）公司被出具年报问询函意味着公司财务信息披露不充分或者没有遵守相关规章制度。根据有效市场理论，年报问询函的披露向资本市场传递了公司潜在的会计问题或者治理问题，投资者可以据此推断公司所处的财务状态和治理水平，从而对公司价值的平均预期进行修正。也就是说，交易所通过问询函的方式将潜在问题公司与

① 四大证券报及其他主流财经媒体都频繁报道与上市公司财务报告“问询函”相关的新闻。2017年2月21日，《上海证券报》:《首份沪市年报问询函透出监管大方向》。2017年4月8日，《中国证券报》:《交易所问询函直击上市公司年报疑点》。2017年6月1日，《新华网》:《五个月发出1009份问询函 高频监管成A股关键词》。2018年6月4日，《上海证券报》:《面对年报问询函，约百家公司“金口难开”，有何难言之隐》。

那些信息披露质量较高的公司区别开来，投资者会据此做出反应。因此，尽管年报问询函的内容主要针对已经公开披露的年报信息，但对于投资者来说可能仍具有一定的信息增量。上市公司被交易所出具财务报告问询函会给企业造成较为负面的声誉损失，降低投资者对财务报告的信心，进而可能诱发证券市场的负面反应。（Dechow et al.，1996；Chen et al.，2005；陈运森等，2018a）为此，提出假说 H5.1：

H5.1：整体上，市场对年度报告问询函的公布更可能呈现负面反应。

二、选择性问询背景下的市场异质信息解读

给定市场对年度报告问询函的公布更可能呈现负面反应，本书进一步考虑：如果将被问询的公司分为两类，一类为产业政策支持或非高级官员落马地区的公司，另一类为产业政策不支持或高级官员落马地区的公司，两类公司是否存在异质性的市场反应？问询函公告是一种直接披露，这种直接披露方式反映了投资者对公司价值的判断，理性的投资者会对不同类型的问询函进行解读。（Hughes，1986）。

一方面，基于信息优势，监管机构可能比外部投资者对公司更了解，知道潜在问题公司没有披露的信息，从而投资者对他们的监管更多的是对这类信息的理解；而另一方面，基于监管能力，受到监管的公司将来更有可能被监管部门重点关注或在其他准入资格方面受到更多限制，这是市场对公司未来因监管而利益受损的一种理解。根据假说 H4.1，由于监管存在问询选择，那些处于产业政策支持的企业更少被问询，这类企业被问询意味着其问题可能更为严重，亦更可能成为监管关注的重心。类似地，根据假说 4.3，那些所在地没有高级官员落马的企业更少被问询，这类企业

被问询意味着其问题可能更为严重。为此，提出假说 H5.2 和假说 H5.3：

H5.2：相比于非产业政策支持行业上市公司，产业政策支持行业上市公司在收到问询函时的市场反应更为负向。

H5.3：相比于公司注册所在地出现高级官员落马的上市公司，公司注册所在地没有出现高级官员落马的上市公司在收到问询函时的市场反应更为负向。

第二节　样本选择

一、数据来源

本章以我国 A 股上市公司作为研究对象，实证分析所用的公司财务数据及公司治理数据来自 CSMAR 公司研究数据库。内部控制数据来源于迪博公司每年发布的《中国上市公司内部控制指数》。公司是否被出具问询函以及问询函问题的多少系手工收集。具体地，本书整合了沪深交易所官网、万得（Wind）、国泰安（CSMAR）以及巨潮（Cninf）等数据库全文公告，并结合百度搜索引擎检索，确保指标度量的准确性。研究期间为 2014 年至 2016 年，由于年报问询函的出具是在公司年报披露之后，本章实际研究截止日期为 2017 年 12 月 31 日。

为了控制极端值对检验结果带来的偏误和影响，本章对所有连续变量在 1% 和 99% 分位数上实施了缩尾处理。为了缓解回归误差的自相关性，对每个公司采用“聚类”的方法来调整系数估计值的标准误（Petersen，

2009），同时使用 White（1980）的方法对异方差进行调整，并据此计算 p 值。

二、样本筛选

本章初始样本为 1567 个，采用如下步骤对研究样本进行处理：

（1）剔除 A 股金融、保险行业的上市公司；

（2）剔除问询函缺失的样本①；

（3）剔除采用市场调整模型事件窗口不足 7 天的样本；

（4）剔除公告日前 30 天公告过其他问询函收函和回函公告的样本②；

（5）剔除本章所需财务指标数据及股价数据缺失的样本。

经过上述剔除后，最终得到用于本章实证分析的上市公司观察值为 701 个。其中，2015 年样本量为 88 个，2016 年样本量为 266 个，2017 年样本量为 347 个。

第三节 研究设计与研究变量描述

一、研究模型和变量定义

为了研究交易所问询函的出具对被问询公司股票价格的影响，本章利

① 由于交易所并未强制要求公司在收到问询函时就进行及时披露，接近一半的样本并未披露问询函，而只披露回复函，因此无法准确获取问询函发出日。

② 之所有进行上述剔除，就在于股价延迟反应会带来股价漂移（Ball and Brown，1968；Bernard and Thomas，1989）。

用事件研究法予以考察。事件研究法（event study）是指排除资本市场的波动对股票价格的影响后，研究特定时间内资本市场数据对公司内在价值的影响。事件研究法已被应用于公司财务领域、经济法律领域、宏观经济调控等多个领域的学术研究。（Brown and Warner，1985；Chen et al.，2005；伍利娜和高强，2002；陈工孟和高宁，2005；吴溪和张俊生，2014）因此，本章研究公司收到年报问询函属于特殊事件，可运用此事件研究法来分析公司收到监管部门出具的问询函的市场反应。

附录 B 列示了问询函事件的窗口关系图。事件研究法的具体步骤如下：(1）定义本书所要考察的事件日并规定事件窗口；(2）在事件窗口内根据风险和收益两者之间的关系计算预期收益率，并计算公司的实际收益率和预期收益率两者的差额，即异常收益率（AR）；(3）根据前一步骤计算事件窗口的累积异常收益率（CAR），并运用显著性检验来验证其数据是否显著异于 0。具体如下。

（1）确定事件期

要划定事件期，需要确定事件发生日，参考 Chen et al.（2005）、陈工孟和高宁（2005）、吴溪和张俊生（2014）以及陈运森等（2018a）的研究，文章选择收到年报问询函公告的日期作为事件发生日①，事件日定义为 T = 0。文章以公告发布日前 1、3、5 日至后 1、3、5 日作为事件期，那么最终选择的事件窗口期为分别为 [-1， +1]、[-3， +3] 以及 [-5， +5]。

（2）计算每只股票在事件窗口的实际收益率

第 i 家样本公司股票在第 t 日实际收益率为：

---

① 倘若公告日当天休市，那么就以休市后的首个交易日作为事件发生日。

$$R_{i,t} = (P_{i,t} - P_{i,t-1}) / P_{i,t-1} \quad \text{（式 5.1）}$$

其中，t 表示交易日，$P_{i,t}$、$P_{i,t-1}$分别为第 i 家公司在 t、$t-1$ 日的收盘价。

（3）估计单只股票的预期收益率

对单只股票的预期收益进行估计的模型有三种：平均调整模型、市场模型以及市场指数调整模型。与平均调整模型以及市场指数调整模型相比，选择市场模型进行事件分析时产生更好的效果，因为市场模型可以把股票收益中受市场总体变更影响的部分排除在外。（Brown and Warner，1985；Karpoff et al.，2008；王化成等，2010）基于此，本书选择市场模型作对单只股票预期收益率进行计算。选择事件估计期为［－150，－2］、［－150，－4］和［－150，－6］，根据式 5.2 的线性回归方程，利用样本上市公司在估计期内每天的股票实际收益和深证指数实际收益率，来估计每个样本上市公司的 α 值和 β 值：

$$R_{i,t} = \alpha_i + \beta_i R_{m,t} + \varepsilon_i \quad \text{（式 5.2）}$$

其中 $R_{i,t}$表示在估计期内股票 i 的实际收益率；$R_{m,t}$表示估计期内股票 i 的市场指数收益率；α 和 β 为待估参数，ε_i 为随机误差项。当 α 和 β 的值得到以后，便可将在事件窗口期［－1，1］、［－3，3］以及［－5，5］内实际市场指数日收益率计入回归模型，计算出正常（预期）收益率。

（4）计算第 i 只股票在第 t 日的超额收益率

$$AR_{i,t} = R_{i,t} - \hat{R}_{i,t} \quad \text{（式 5.3）}$$

（5）分别计算不同的股票在事件窗口内（t1，t2）个股的累计超额收益率

$$CAR_i(t1 - t2) = \sum_{t1}^{t2} AR_{i,t} \quad \text{（式 5.4）}$$

（6）统计检验

本书用累积超额收益率 $CAR_{i,(t1-t2)}$ 来衡量市场反应。根据前文累积超额收益的逐步计算可知，累积超额收益率是对窗口期内股票价格的异常波动的衡量。根据已有统计经验，对研究样本的 $CAR_{i,(t_1-t_2)}$ 值可以近似地认为是服从正态分布，样本均值是否显著小于 0 可以通过计算 T 统计量来检验。如果用 u 表示样本的均值，s 表示样本方差，n 为样本量，检验过程如下：

$H0$：$u=0$，$H1$：$u>0$（或 $u<0$）；检验统计量 $T=(u=0)/s\cdot n^{0.5}$

对研究样本和控制样本可近似认为是来自正态总体的两个独立样本。对于来自正态总体的样本进行均值检验，采用独立样本的 T 检验法来检验假说 H5.1，即 $CAR_{i,(t1-t2)}$ 值是否显著小于 0。

进一步地，为检验假说 H5.2 和 H5.3，本书设计如下回归模型进行检验：

$$CAR_{(}t_1-t_2) = \beta_0+\beta_i ip\_d_1+\beta_2 anticorr1+\beta_3 number+\beta_4 soe$$
$$+\beta_5 size+\beta_6 lev+\beta_7 cr+\beta_8 roa+\beta_9 accural$$
$$+\beta_{10} otheracc+\beta_{11} ic+\beta_{12} big4+Year+\xi \quad \text{（模型 5.1）}$$

其中，被解释变量为年报问询函公告日前后 1、3 和 5 天的累计异常收益率 CAR1、CAR3 和 CAR5。其计算方法前文已进行了详细的阐述。

Ip_ d1 为产业政策变量，本章参考陈冬华等（2010）、陆正飞和韩非池（2013）以及祝继高等（2015）等的做法，以政府“五年计划”中的产业政策作为考察对象开展研究。当公司所处行业为产业政策（“十二五”和“十三五”规划）支持的行业时，赋值为 1，否则为 0。稳健性测试中，参考陈冬华等（2010）、祝继高等（2015），若某行业在相关年度被“五年计划”提到鼓励发展或者重点发展，则该行业内的所有上市公司即定义为受到产业政策的鼓励。

Anticorr为反腐运动变量。若公司注册所在地当年有副省部级以上贪腐官员被查处，赋值为1，否则为0。稳健性测试中，本章采用公司注册所在地省区该时期所调查的贪腐违纪案件所涉及的副省部级以上官员人数作为替代指标。

控制变量方面，参考Chen et al.（2005）、陈工孟和高宁（2005）、吴溪和张俊生（2014）以及陈运森等（2018a）的研究，控制了问询问题的多少（number）、公司规模（size）、公司杠杆（lev）、流动性（cr）、公司盈利能力（roa）、总应计（accural）、其他应收款（otheraccrec）、内部控制水平（ic）、是否为四大会计师事务所进行审计（big4）、公司年龄（age）以及公司产权（soe）等变量的影响。此外，还在模型中加入了年度哑变量Year，以控制年度固定效应。表5.1详细报告了本章主要变量的定义及计算方法。

表5.1　主要变量定义及其计算方法

变量简称	变量名	详细定义
CAR1	累积超额收益1	基于式5.1至式5.4计算的问询函事件日前后[-1，+1]的累计异常收益率
CAR3	累积超额收益3	基于式5.1至式5.4计算的问询函事件日前后[-3，+3]的累计异常收益率
CAR5	累积超额收益5	基于式5.1至式5.4计算的问询函事件日前后[-5，+5]的累计异常收益率
number	问题个数	年报问询函中交易所提出问题的个数。

续表

变量简称	变量名	详细定义
ip_ d1	产业政策	参考陈冬华等（2010）、陆正飞和韩非池（2013）以及祝继高等（2015）的方法，采用“五年计划”中关于行业的发展规划来衡量产业政策
ip_ d2	产业政策强度	重点支持赋值为2，明确鼓励赋值为1，否则为0
anticorr1	官员落马	参考王贤彬等（2017）的方法，若当年公司注册所在地发生省部级官员落马赋值为1，否则为0
anticorr2	官员落马强度	当年公司注册地省部级官员落马人数
size	公司规模	年末总资产的自然对数
lev	杠杆率	年末负债/年末总资产
cr	流动性	年末流动资产/年末流动负债
roa	盈利能力	净利润/年末总资产
accural	总应计	（净利润 - 经营现金流）/年末总资产
otheraccrec	大股东占款	其他应收款/总资产
ic	内控质量	用迪博内控指数的自然对数衡量
big4	审计质量	当审计师事务所为国际四大时赋值为1，否则为0
age	上市年龄	上市年龄
exchange	挂牌交易所	挂牌上交所赋值为1，否则为0
soe	产权性质	实际控制人性质为非国有时取值为1，否则取0

根据假说H5.2，由于监管存在问询选择，那些处于产业政策支持的企业更少被问询，这类企业被问询意味着，其问题可能更为严重，即相比于非产业政策支持行业上市公司，产业政策支持行业上市公司在收到问询函时的市场反应更为负向。预期模型H5.1中ip_ d1的回归系数显著为负。

类似地，根据假说5.3，由于监管存在问询选择，那些所在地没有高级官员落马的企业更少被问询，这类企业被问询意味着，其问题可能更为严重，即相比于公司注册所在地出现高级官员落马的上市公司，公司注册所在地没有出现高级官员落马的上市公司在收到问询函时的市场反应更为负向。因此，预期模型5.1中anticorr1的回归系数显著为正。

二、主要变量的样本描述

（一）主要变量的描述性统计

表5.2报告了本章主要变量的描述性统计，样本观测值共701个。被解释变量方面，CAR1、CAR3以及CAR5的均值分别为-0.017、-0.026以及-0.032，表明样本中上市公司在收到交易所的事后问询函时收到了市场的负面评价。在收到问询函的子样本中，平均每个公司收到9.45个问题（中位数为9个）。主要解释变量方面，50.4%样本公司所处行业为产业政策支持的行业，其中90.22%样本为重点支持行业，9.78%样本鼓励发展行业；约77.3%样本公司所在省区发生高级官员落马，经过缩尾处理后的高级落马官员人数anticorr2最多为3人。

控制变量方面，公司规模size的均值为21.82，标准差为1.291，从极值和分位数来看，样本公司规模存在显著的差异；公司财务杠杆lev的均值为0.669，标准差为0.630，最小值和最大值分别为0.099和1.415，说明样本公司杠杆水平存在较强的异质性；流动比率cr的均值为1.920，标准差为2.115；总资产收益率roa的均值为-0.003，标准差为0.101，说明被问询公司整体上盈利能力较差；总应计accural的均值为-0.006，标准差为0.161；其他应收款otheraccrec均值为0.030，说明约3%的资金被非经营性占用。经对数化处理后的内部控制质量指数 ic 均值为 4.927，最小值和最大值分别为 0 和 6.639，说明样本公司内控质量存在较强的异质性；此外，33.1%的样本公司为国有产权，仅有 2.2%的样本聘请国际四大会计师事务所作为审计单位。整体来看，样本公司的财务和治理变量基本符合正态分布特征并在样本期间内呈现一定的差异性。

表 5.2 主要变量的描述性统计

variable	N	sd	mean	p25	p50	p75	min	max
CAR1	701	0.0761	-0.017	-0.048	-0.013	0.014	-0.236	0.230
CAR3	701	0.122	-0.026	-0.072	-0.020	0.026	-0.420	0.387
CAR5	701	0.154	-0.032	-0.093	-0.032	0.029	-0.550	0.527
anticorr1	701	0.419	0.773	1	1	1	0	1
anticorr2	701	0.865	1.173	1	1	2	0	3
Ip_ d1	701	0.500	0.504	0	1	1	0	1
Ip_ d2	701	0.971	0.951	0	1	2	0	2
number	701	0.395	2.273	2.079	2.303	2.565	1.099	3.135
soe	701	0.471	0.331	0	0	1	0	1
size	701	1.291	21.82	20.93	21.76	22.65	18.63	25.17
lev	701	0.331	0.596	0.349	0.568	0.794	0.099	1.415
cr	701	2.115	1.920	0.859	1.290	2.078	0.193	14.04
roa	701	0.101	-0.003	-0.028	0.008	0.032	-0.431	0.304
accural	701	0.161	-0.006	-0.072	-0.017	0.031	-0.466	0.768
otheraccrec	701	0.052	0.030	0.004	0.011	0.031	0	0.343
ic	701	2.698	4.927	5.727	6.394	6.491	0	6.639
big4	701	0.149	0.022	0	0	0	0	1

（二）相关系数表

限于篇幅，表 5.3 仅报告了本章主要变量的 Pearson 相关系数。结果表明，产业政策支持公司 ip_ d1（ip_ d2）与公司问询函市场反应 CAR1（CAR3、CAR5）的相关系数为 -0.10 左右，并通过 1% 置信水平的统计检验，说明相比于非产业支持行业公司，产业政策支持行业在收到交易所年报问询函时的市场反应更为负向。类似地，注册地出现高级官员落马的公司 anticorr1（anticorr2）与公司问询函市场反应 CAR1（CAR3、CAR5）的相关系数为 0.06 左右，并通过置信水平的统计检验，说明相比于注册地出现高级官员落马的公司，注册地未出现高级官员落马的公司在收到交易所年报问询函时的市场反应更为负向。此外，交易所问询问题数量 number 与公司问询函市场反应 CAR1（CAR3、CAR5）相关系数为 -0.15 左右，说明，问询问题越多的公司，问题越严重，市场的负面反应更剧烈。需要说明的是，表 5.3 主要变量 Pearson 相关系数表中的相关系数均未超过 0.5，表明不存在多重共线性问题。

表 5.3　主要变量 Pearson 相关系数

	CAR1	CAR3	CAR5	ip_ d1	ip_ d2	anticorr1	anticorr2	number
CAR1	1							
CAR3	0.8655*** (0.000)	1						
CAR5	0.7677*** (0.000)	0.9165*** (0.000)	1					
ip_ d1	-0.1087*** (0.003)	-0.1222*** (0.001)	-0.1422*** (0.000)	1				

续表

	CAR1	CAR3	CAR5	ip_ d1	ip_ d2	anticorr1	anticorr2	number
ip_ d2	-0.0871** (0.021)	-0.0999*** (0.008)	-0.1199*** (0.001)	0.9734*** (0.000)	1			
anticorr1	0.0644* (0.088)	0.0774** (0.040)	0.0906** (0.016)	0.0277 (0.463)	0.0361 (0.339)	1		
anticorr2	0.0568 (0.133)	0.0656* (0.082)	0.0756*** (0.045)	0.0266 (0.481)	0.0338 (0.371)	0.7345*** (0.000)	1	
number	-0.1574*** (0.000)	-0.1469*** (0.000)	-0.1404*** (0.000)	-0.0209 (0.581)	-0.0182 (0.629)	0.0672 (0.075)	0.0458 (0.225)	1

注：*、**、***分别表示在10%、5%、1%的置信水平上显著（双尾检验）。

（三）单变量测试

表5.4报告了假说H5.2和假说H5.3的单变量测试结果。Panel A、Panel B以及Panel C中，根据产业政策ip_ d1哑变量分为两组，可以发现，产业政策支持组样本公司收到交易所问询函前后累计异常收益率分别为-0.0252、-0.0413和-0.0544，而非产业支持组样本公司收到交易所问询函前后累计异常收益率分别为-0.0088、-0.0116和-0.0104，产业政策支持组收到交易所问询函前后累计异常收益率在1%水平上显著低于非产业支持组，这初步支持假说H5.2。类似地，根据公司注册所在地是否出现高级官员落马anticorr1哑变量分为两组，可以发现，公司注册所在地出现高级官员落马组样本公司收到交易所问询函前后累计异常收益率分别为-0.0145、-0.0215和-0.0250，而公司注册所在地未出现高级官员落马组样本公司收到交易所问询函前后累计异常收益率分别为-0.0254、-0.0439和-0.0584，公司注册所在地出现高级官员落马组收到交易所问询函前后累计异常收益率显著高于公司注册所在地未出现高级官员落马组，这初步支持假说H5.3。

表 5.4 单变量测试结果

Panel A **交易所问询函公告日前后 1 天累计异常收益率分组比较**

组别	样本	CAR1			
		均值	中值	T 值	Z 值
ip_ d1 =1	353	-0.0254	-0.0159	2.892***	2.368**
ip_ d1 =0	348	-0.0088	-0.0092		
组别	样本	CAR1			
		均值	中值	T 值	Z 值
anticorr1 =1	542	-0.0145	-0.0128	-1.704*	-1.339
anticorr1 =0	159	-0.0262	-0.0164		

Panel B **交易所问询函公告日前后 3 天累计异常收益率分组比较**

组别	样本	CAR3			
		均值	中值	T 值	Z 值
ip_ d1 =1	353	-0.0413	-0.0275	3.255***	2.546***
ip_ d1 =0	348	-0.0116	-0.0146		
组别	样本	CAR3			
		均值	中值	T 值	Z 值
anticorr1 =1	542	-0.0215	-0.0188	-2.051**	-1.800*
anticorr1 =0	159	-0.0439	-0.0357		

Panel C 交易所问询函公告日前后 5 天累计异常收益率分组比较

组别	样本	CAR5			
		均值	中值	T 值	Z 值
ip_ d1 =1	353	-0.0544	-0.0339	3.799***	2.173**
ip_ d1 =0	348	-0.0104	-0.0287		
组别	样本	CAR5			
		均值	中值	T 值	Z 值
anticorr1 =1	542	-0.0250	-0.0283	-2.404***	-2.183**
anticorr1 =0	159	-0.0584	-0.0453		

注：*、**、***分别表示在 10 %、5 %、1 %的置信水平上显著（双尾检验）。

第四节 实证检验结果

一、交易所年报问询函的信息含量

根据上节中式 5.1 至式 5.4 计算公式，本章统计了样本问询函事件日前后［-5，+5］的日均异常收益率 AR 和累计异常收益率 CAR。表 5.5 列示了样本公司问询函公告日附近的日均异常收益率。从收函公告日到发布后的 4 个交易日之间的公司日均异常收益率分别为 -0.0081、-0.0074、-0.0043、-0.0017 以及 -0.0028，除 +3 天外，其他日期日均异常收益率均在 1% 水平上显著小于 0，说明市场确实对交易所出具的年报问询函进行了负向反应。

表 5.5　问询函公告日附近的日均异常回报

窗口	obs.	mean	T 统计量	P 值
-5	701	-0.0001	-0.160	0.872
-4	701	-0.0032	-2.986***	0.003
-3	701	-0.0024	-2.309**	0.021
-2	701	-0.0012	-1.063	0.288
-1	701	-0.0012	-1.014	0.310
0	701	-0.0081	-4.407***	0.000
+1	701	-0.0074	-4.832***	0.000
+2	701	-0.0043	-3.121***	0.002
+3	701	-0.0017	-1.372	0.170
+4	701	-0.0028	-2.227**	0.026
+5	701	-0.0016	-1.322	0.186

注：*、**、***分别表示在 10 %、5 %、1 %的置信水平上显著（双尾检验）。

进一步地，本章以［-1，+1］、［-3，+3］以及［-5，+5］作为事件窗口计算累计异常收益率，度量年报问询函公告日附近总体的市场反应。如表 5.6 所示，上市公司收到交易所问询函公告日前后［-1，+1］、［-3，+3］以及［-5，+5］的累计异常收益率 CAR1、CAR3 和 CAR5 均值分别为 -0.0167、-0.0263 以及 -0.0340，且均在 1% 水平上显著小于 0，这说明交易所问询函具有一定的信息含量，通过揭示被问询公司年报中未披露的风险因素，有助于为投资者的投资决策提供参考。

表 5.6 问询函公告日附近的累计异常回报

	obs.	mean	T 统计量	P 值
CAR1	701	-0.0167	-5.877***	0.000
CAR3	701	-0.0263	-5.610***	0.000
CAR5	701	-0.0340	-5.267***	0.000

注：*、**、***分别表示在 10%、5%、1%的置信水平上显著（双尾检验）。

二、选择性问询背景下的市场异质信息解读

表 5.7 报告了假说 H5.2 和假说 H5.3 的检验结果。因变量为公司收到交易所年报问询函的市场反应。为使研究结论稳健，本书分别采用问询函公告日前后 1、3 和 5 天的累计异常收益 CAR1、CAR3 和 CAR5 作为被解释变量。第（1）至（3）列是未加入控制变量的回归结果，第（4）列至第（6）列加入了控制变量的回归结果。从回归结果上看，产业政策变量 ip_ d1 和反腐运动变量 anticorr1 与问询函的市场反应 CAR1（CAR3/CAR5）分别在 1% 和 5% 的置信水平上显著负相关和正相关。多元回归结果说明，同样是被监管问询，市场对产业政策支持和注册地未出现高级官员落马的样本公司的负向反应更为剧烈。这说明，给定问询函的出具存在选择性，中国投资者在解读不同的年报问询函时，消化了监管问询的选择性。据此，假说 H5.2 和假说 H5.3 得到经验证据的支持。

控制变量方面，问询函涉及问题 number 与问询函的市场反应 CAR1（CAR3/ CAR5）显著负相关，这说明问询函涉及问题越多，公司潜在的问题越大，投资者越可能给予更为负面的评价。而公司的内部治理水平 ic 与问询函的市场反应 CAR1（CAR3/ CAR5）约在 10% 水平上显著正相关，

这说明良好的内部控制水平缓和了投资者对被问询公司的负面评价。其他控制变量虽与预期相符，但未通过显著性检验。

表 5.7　市场异质信息解读能力

VARIABLES	(1) *CAR*1	(2) *CAR*3	(3) *CAR*5	(4) *CAR*1	(5) *CAR*3	(6) *CAR*5
ip_ d1	-0.116*** (0.008)	-0.233*** (0.001)	-0.332*** (0.000)	-0.103** (0.033)	-0.215*** (0.007)	-0.307*** (0.001)
anticorr1	0.012* (0.094)	0.023** (0.046)	0.034** (0.018)	0.014* (0.052)	0.026** (0.024)	0.037** (0.012)
number				-0.002*** (0.005)	-0.004*** (0.007)	-0.004** (0.029)
soe				0.011* (0.090)	0.018* (0.081)	0.020 (0.118)
size				-0.002 (0.477)	0.001 (0.737)	-0.000 (0.976)
lev				-0.005 (0.347)	-0.012 (0.184)	-0.016 (0.125)
cr				-0.001 (0.397)	0.000 (0.970)	-0.002 (0.560)
roa				-0.033 (0.270)	-0.058 (0.241)	-0.059 (0.330)
accural				-0.006 (0.760)	0.006 (0.860)	0.015 (0.722)
otheraccrec				-0.016 (0.801)	0.116 (0.282)	0.127 (0.272)

续表

VARIABLES	(1) *CAR*1	(2) *CAR*3	(3) *CAR*5	(4) *CAR*1	(5) *CAR*3	(6) *CAR*5
ic				0.002 (0.113)	0.003 (0.113)	0.005** (0.028)
big4				-0.004 (0.698)	-0.005 (0.742)	-0.009 (0.669)
Constant	0.133*** (0.004)	0.251*** (0.001)	0.359*** (0.000)	0.166** (0.027)	0.209* (0.092)	0.341** (0.021)
Year	控制	控制	控制	控制	控制	控制
Industry	控制	控制	控制	控制	控制	控制
Observations	701	701	701	701	701	701
R - squared	0.0689	0.0671	0.0927	0.0941	0.0925	0.1161

注：所有系数估计值都使用异方差调整和公司聚类调整得到的稳健性标准误，并在括号内给出调整后的p值。*、**、***分别表示在10%、5%、1%的置信水平上显著（双尾检验）。需要说明的是，在加入控制变量后，第（4）至（6）列anticorr1和ip_d1的回归系数相比于第（1）至第（3）列并没有变小，反而在一定程度上变大，这可能与遗漏变量导致系数向上偏有关。

第五节 稳健性检验

一、替换核心解释变量

为保证研究结论的可靠性，本书对被解释变量和核心解释变量寻找替代性指标予以测度。(1) 前文通过公司是否处于产业政策支持的行业这一哑变量来度量企业所处行业是否受国家政策所扶持，稳健性测试部分进一步将产业政策支持行业细分为鼓励发展行业和重点发展行业，并形成排序变量 ip_ d2。当公司处于产业政策重点发展行业时，赋值为 2，鼓励发展行业时，赋值为 1，否则为 0，即该值越大，表明所处行业更受产业政策支持。(2) 前文通过检索公司注册所在地是否发生省部级高级官员落马这一哑变量来度量企业所处地区信息环境，稳健性测试部分进一步将省部级高级官员落马人数 anticorr2 作为地区信息环境的替代指标。该值越大，说明公司注册所在地反腐运动发展越深入。

表 5.8 报告了假说 H5.2 至 H5.2 的稳健性测试回归结果。在第 (1) 列至第 (3) 列中，产业政策支持哑变量 ip_ d2 与公司收到问询函前后的市场反应 CAR1 (CAR3/CAR5) 在 1% 水平上显著负相关，再次支持假说 H5.2 的预测；公司所在地高级官员落马人数 anticorr2 与公司收到问询函前后的市场反应 CAR1 (CAR3/CAR5) 在 5% (10%) 水平上显著正相关，支持假说 H5.3 的预测。以上结果表明，变更被解释变量和核心解释变量没有对本章实证结果造成实质性影响，本章所得实证发现较为稳健。此外，控制变量与前文基本保持一致，在此不再进行赘述。

表 5.8　市场异质信息解读能力（稳）

VARIABLES	(1) *CAR1*	(2) *CAR3*	(3) *CAR5*
anticorr2	0.006* (0.084)	0.010* (0.059)	0.015** (0.036)

续表

VARIABLES	(1) *CAR*1	(2) *CAR*3	(3) *CAR*5
ip_ d2	-0.007** (0.013)	-0.012*** (0.006)	-0.019*** (0.001)
number	-0.002*** (0.009)	-0.003** (0.013)	-0.004** (0.049)
soe	0.009 (0.153)	0.015 (0.144)	0.014 (0.258)
size	-0.001 (0.700)	0.002 (0.647)	0.000 (0.930)
lev	-0.003 (0.536)	-0.007 (0.393)	-0.010 (0.292)
cr	-0.001 (0.408)	-0.000 (0.946)	-0.002 (0.475)
roa	-0.037 (0.222)	-0.064 (0.202)	-0.069 (0.277)
accural	-0.003 (0.873)	0.005 (0.877)	0.012 (0.750)
otheraccrec	-0.023 (0.715)	0.086 (0.416)	0.096 (0.409)
ic	0.002 (0.105)	0.003* (0.094)	0.005** (0.017)
big4	-0.009 (0.263)	-0.008 (0.608)	-0.010 (0.580)

续表

VARIABLES	(1) *CAR*1	(2) *CAR*3	(3) *CAR*5
Constant	0.049 (0.361)	-0.002 (0.981)	0.048 (0.674)
Year	控制	控制	控制
Observations	701	701	701
R-squared	0.0879	0.0838	0.1061

注：所有系数估计值都使用异方差调整和公司聚类调整得到的稳健性标准误，并在括号内给出调整后的 p 值。*、**、***分别表示在 10%、5%、1%的置信水平上显著（双尾检验）。

第六节　本章结论

一、本章结论

本章以 2015—2017 年我国收到年报问询函样本公司作为研究对象，首先考察以交易所问询函为代表的事后方式是否具有信息含量。进一步地，第四章结果表明，沪深交易所在年报问询决策中确实存在选择性。本章在第四章的基础上进一步考察市场对不同类型（产业政策支持组与非产业政策支持组、高级官员落马组和非高级官员落马组）问询函是否存在异质性的反应。研究结果表明：

（1）整体上讲，收到年报问询函的公司事件日附近的累计异常收益率显著，问询问题越多，市场反应越为负向。上述结果说明，交易所监管问询具有信息含量，而且是在尚未做出正式调查或者是实质认定的情况下就产生了市场影响，那么对于问询函的使用就是一种非常有效的监管措施，也是我国证券交易所承担一线监管责任的重要佐证。

（2）给定监管问询存在选择性，研究发现，相比于非产业政策支持行业上市公司，产业政策支持行业上市公司在收到问询函时的市场反应更为负向；相比于公司注册所在地出现高级官员落马的上市公司，公司注册所在地没有出现高级官员落马的上市公司在收到问询函时的市场反应更为负向，说明中国市场投资者消化了监管选择性，并进行了异质化的反应。

二、研究贡献

本章的研究贡献主要体现在以下三方面。

（1）本章丰富和拓展了交易所作为一线监管部门对中国证券市场监管效果的研究。已有关于政府监管有效性的研究主要集中于考察证监会（发审委）等中央部门监管效力（Chen et al.，2005；Chen et al.，2011；李敏才和刘峰，2012），仅有的关于沪深交易所治理有效性的研究亦未能得出一致的结论（朱伟骅，2003；陈工孟和高宁，2005；黎文靖，2007）。本书从宏观产业政策和反腐败视角拓展交易所问询考量要素，有助于全面揭示交易所一线（选择性）监管效应的研究。

（2）本章丰富和拓展了选择性问询背景下市场投资者对不同类型年报问询函解读能力的文献。给定问询函存在选择性，在解读不同的年报问询函时，中国投资者（尤其是机构投资者）是消化了问询的选择性还是进行了过度反应是一个值得探讨的问题。该问题的探讨有助于更深刻地理解中国市场信息解读能力和市场运行机制。

（3）问询函具有鲜明的中国特色，相关制度背景（例如，问询函件的及时披露）不但有助于探究交易所监管功能，更有助于准确地发现函件的信息含量，进而加强对中国特色社会主义证券监督机制的优化和完善。

第六章

监管问询、错配与公司治理

基于美国 SEC 意见信的研究表明，问询机制整体上降低了投资者与公司之间的信息不对称程度，发挥了重要的外部治理作用。部分中国学者基于本土的研究亦发现，交易所问询机制能够有效治理两类代理问题，提高公司的信息环境。（陈运森等，2018b；Hu et al.，2018）给定上述前提，如果监管部门实施同一化监管，即在基本面相同的情况下，企业的信息披露违规行为被问询的概率相同，资源会更多地流向信息披露质量更高的企业，进而整体提高全社会资源配置的效率。相反，如果监管部门实施差异化监管，即企业的信息披露违规行为被问询的概率存在系统性差异（主要表现为监管执行不足①），这意味着，那些信息披露质量较差的公司其行为得不到及时地披露和纠正，使投资者和其他利益相关者因面临较高信息不对称而蒙受损失。接下来，本章从两类代理问题视角考察年报信息选择性监管带来的错配后果。

---

① 考虑到问询会给上市公司乃至资本市场造成的负面影响，证券交易所不会随意出具问询函。一旦公司被出具问询函，意味着公司很可能存在潜在的“猫腻”和风险。因此，监管矫枉过正的情形并不多见，并且，其相比于“放过坏人”带来的负面效应更小（问询函并非真实的处罚，这给了上市公司解释说明的机会，若公司质地没有问题，则其负面影响较小）。

第一节　理论分析与研究假说

一、问询错配与管理层代理问题

大量的实证文献表明，公司会计信息披露质量是公司治理水平的表征。（Ashbaugh－Skaife et al.，2008；Hermalin and Weisbach，2012；孙芳城等，2011）契约功能与估值功能是会计信息的两大基本功能。在契约功能方面，高质量的会计信息有助于大股东（投资者及其他利益相关者）更好地监督管理层的机会主义行为，缓解管理层代理问题。（Armstrong et al.，2010；卢闯等，2010）已有关于SEC意见信治理效应的研究表明，那些规模较小、成立更久、盈利水平低、经营业务复杂、内部控制差的公司更可能收到意见信（Ettredge et al.，2011；Cassell et al.，2013）。并且，收到SEC意见信的公司未来重述的概率更高，但随后盈余管理程度显著下降，信息披露质量亦显著改善。（Bozanic et al.，2017；Gao et al.，2010；Johnston and Petacchi，2017）上述结果表明，SEC意见信整体上降低了管理层代理问题以及投资者与公司之间的信息不对称程度，发挥了重要的外部治理作用。然而，在中国证券市场中，监管问询的选择性可能会使得企业潜在违规行为揭露不及时、不充分。基于行为人一致性逻辑，这些潜在问题公司管理层因为没有受到监管问询而没有动机自我约束，即对于那些存在潜在披露问题却没有被监管问询的公司，其在未来更可能表现出更严重的管理层代理问题。薪酬合约是搭建所有者和代理人之间利益协同，降低管理层代理问题的重要机制。因此，薪酬业绩敏感性（pay and performance sensitivity）成为衡量薪酬合约有效性的重要指标。（Firth et al.，2006；Cadman et al.，2010；陈胜蓝和卢锐，2012）那些存在潜在披露问题却没有被监管问询的公司因问询错配不能有效达到约束经理人行为以及防范逆向选择和道德风险的目的。进一步地，第四章结果表明，产业政策支持行业公司以及注册地未出现高级官员落马的公司更少收到交易所出具的问询函，这意味着，上述错配行为更可能出现在产业政策支持行业公司以及注册地未出现高级官员落马的公司样本中。据此，提出本书的假说 H6.1

假说 H6.1：相较于那些潜在披露问题较小并且没有被监管问询的公司，那些存在潜在披露问题却没有被监管问询的公司，其第一类代理问题未来更为严重，表现为管理层薪酬业绩敏感性更低，并且上述现象在产业政策支持和未出现官员落马组更为显著。

二、问询错配与大股东代理问题

La Porta et al.（2000，2002）研究指出，在股权相对集中的公众公司中，最主要的代理问题是控制性股东与外部中小股东之间的利益冲突，这种冲突有可能降低公司价值。具体而言，大股东有足够的权力控制上市公司，并通过影响上市公司的各种决策来为其谋取私利，从而导致控股股东具有以小股东为代价来掠夺公司财富的强烈动机和能力。已有研究考察了不同内外治理机制对大股东掏空行为的约束作用。在公司内部治理机制中，学者发现股权制衡（Faccio et al.，2001）、独立董事独立性（叶康涛等，2007）和经理人异质性（刘少波和马超，2016）有助于抑制大股东的掏空行为，然而上述内部治理机制均与大股东权力密切相关，当大股东权力较大时，内部治理机制很可能因被架空而不能很好地发挥治理作用。与公司内部治理机制相对应，多数学者认为外部治理机制具有较强的外生性，其治理作用较少受到大股东自身的状态、动机和能力等改变的影响，因而也得到较为充分的经验证据支持。这些外生治理机制包括：法制监管保护和产品市场竞争（高雷等，2006；Jiang et al.，2010）、审计监督（Jiang et al.，2010；谢盛纹，2011）、媒体监督（Dyck et al.，2008；罗进辉，2012）、投资者卖空公司股票（Chen et al.，2018；侯青川等，2017；陈胜蓝和卢锐，2018）等。上述外生治理机制的发挥在抑制大股东的掏空行为的同时，也提升了公司的长期价值。Hu et al.（2018）研究发现，在监管力量占据重要地位的中国，交易所问询函显著降低了大股东的掏空水平。由于监管存在选择性，那些存在潜在披露问题却没有被监管问询的公司未来更可能表现出更严重的大股东代理问题。大股东掏空行为有多种方式，Vladimir et al.（2014）认为大股东掏空行为主要方式为资产掏空，包括现金流掏空和关联交易。可以预期，那些存在潜在披露问题却没有被监管问询的公司未来资金占用和异常关联交易更多。进一步地，第四章结果表明，产业政策支持行业公司以及注册地未出现高级官员落马的公司更少收到交易所出具的问询函，这意味着，上述错配行为更可能出现在产业政策支持行业公司以及注册地未出现高级官员落马的公司样本中。据此，提出本书的假说 H6.2：

假说 H6.2：相较于那些潜在披露问题较小并且没有被监管问询的公司，那些存在潜在披露问题却没有被监管问询的公司，其第二类代理问题未来更为严重，表现为大股东掏空公司现象越严重，并且上述现象在产业政策支持和未出现官员落马组更为显著。

第二节　样本选择

一、数据来源

本章以我国A股上市公司作为研究对象，实证分析所用的公司财务数据及公司治理数据来自CSMAR公司研究数据库。内部控制数据来源于迪博公司每年发布的《中国上市公司内部控制指数》。公司是否收到问询函系手工收集。具体地，本书整合了沪深交易所官网、万得（Wind）、国泰安（CSMAR）以及巨潮（Cninf）等数据库全文公告，并结合百度搜索引擎检索，确保指标度量的准确性。研究期间为2014年至2016年，由于被解释变量计算需要用到下一期数据，故本书的实际数据期间为2014年至2017年。具体地，薪酬业绩敏感性指标和大股东掏空指标为2015年—2017年。

为了控制极端值对检验结果带来的偏误和影响，本章对所有连续变量在1%和99%分位数上实施了缩尾处理。为了缓解回归误差的自相关性，对每个公司采用“聚类”的方法来调整系数估计值的标准误（Petersen，2009），同时使用White（1980）的方法对异方差进行调整，并据此计算回归系数的p值。

二、样本筛选

本章采用如下步骤对研究样本进行处理：（1）剔除A股金融保险行业的上市公司；（2）在估计被问询概率后剔除被问询样本公司；（3）按照

模型测度的错配程度高低，分年度将研究样本等分为两组——错配程度高组和错配程度低组；（4）剔除本章所需变量存在缺失的观测值，根据被解释变量缺失差异，为最大化利用样本，最终分别得到用于本章实证分析的上市公司年度观察值为6301个和6005个。

第三节　研究设计与研究变量描述

一、研究模型和变量定义

在验证假说H6.1和H6.2前，本书首先采用建模的方式估算出每个样本公司问询错配的概率。借鉴Lennox（2005）对审计意见松紧程度的度量方法，本书首先根据模型6.1对同年度企业所属行业的上市公司进行OLS回归，得到相应系数 β_1 至 β_{10} 的估计值；然后根据模型6.2得出公司应该问询而没有被问询的概率，MM（Mismatching）越小，表明公司错配程度越高。

$$CL_t = \beta_0 + \beta_1 size_{t-1} + \beta_2 lev_{t-1} + \beta_3 ic_{t-1} + \beta_4 big4_t + \beta_5 cr_{t-1} + \beta_6 roa_{t-1} \\ \beta_7 accural_{t-1} + \beta_8 age_t + \beta_9 soe_t + Indgrp + \xi \qquad \text{（模型 6.1）}$$

$$MM_t = CL_t - [\beta_0 + \beta_1 size_{t-1} + \beta_2 lev_{t-1} + \beta_3 ic_{t-1} + \beta_4 big4_t + \beta_5 cr_{t-1} \\ + \beta_6 roa_{t-1} + \beta_7 \alpha ccural_{t-1} + \beta_8 age_t + \beta_9 soe_t + Indgrp] \qquad \text{（模型 6.2）}$$

其中，MM表示公司i第t年该被监管问询而未被监管问询概率的相反数；size为公司规模，该值等于公司第t－1年总资产的自然对数；lev为公司上期杠杆率，该值等于公司第 t-1 年总负债除以总资产；ic 为公司上期内部控制水平；big4 为公司当期是否聘请国际四大会计师事务所作为审计师；cr 为公司第 t-1 年的流动比率，采用流动资产除以流动负债进行度量；roa 为公司第 t-1 年的盈利水平；accural 为公司 t-1 年的总应计项目数，采用净利润减去经营现金流后除以总资产予以度量；soe 为公司产权性质；age 为公司上市年龄的自然对数。

为检验问询错配对管理层代理问题的影响，参考 Murphy（1999）、Firth et al.（2006）、Cadman et al.（2010）以及陈胜蓝和卢锐（2012）等的研究，本章选取如下模型进行检验：

$$\begin{aligned} fsalary = & \beta_0 + \beta_1 froa + \beta_2 MM^{*} froa + \beta_4 ceodual + \beta_5 boardsize \\ & + \beta_6 indepratio + \beta_7 size + \beta_8 lev + \beta_9 cr \\ & + \beta_{10} accural + \beta_{11} otheraccrec + \beta_{12} ic \\ & + \beta_{13} big4 + \beta_{14} age + \beta_{15} soe + year \end{aligned} \quad \text{（模型 6.3）}$$

其中，fsalary 为 t+1 期高管货币薪酬。货币薪酬仍然是中国上市公司高管获取薪酬的最主要方式，股票期权等激励方式并不普遍。① 使用高管货币薪酬构建变量的方式也常见于高管薪酬的文献当中。（Cadman et al.，2010）。本书选取公司前三董事监事高管薪酬之和自然对数作为高管薪酬变量 salary。② 与已有文献保持一致，本书业绩变量采用 t+1 期总资产报

① 据 CSMAR 数据库统计，2014—2016 年期间，仅 6.5% 样本公司实施股权激励计划，并且这些实施股权激励计划的公司管理层股权激励占公司总股本比重约为 6%。本书假定样本公司股权激励服从随机分布，因而仅采用高管货币薪酬作为其薪酬的替代指标。尽管如此，采用控制上市公司是否进行股权激励或删除采用股权激励样本后，研究结论基本保持不变。

② 使用自然对数转换可以使被解释变量更符合正态分布，且有助于得到更为稳定的高管薪酬业绩敏感性。（Murphy，1999）

酬率。roa（Firth et al.，2006）本书将经模型6.1和6.2测度的问询错配程度分为两组——错配程度低组（MM值高于中位数组）和错配程度高组（MM值低于中位数组）。参考相关文献将CEO两职兼任（ceodual）、公司董事会规模（boardsize）、独立董事比例（indepratio）、公司规模（size）、资产负债率（lev）、流动比率（cr）、总应计（accural）、大股东占款（otheraccrec）、内控质量（ic）、是否国际四大审计（big4）、公司年龄（age）和产权性质（soe）作为控制变量。此外，还在模型中加入了年度哑变量Year，以控制年度固定效应。表6.1报告了本章主要变量的定义及计算方法。进一步，本书将样本依据是否产业政策支持和注册地是否出现高级官员落马分组，考察问询错配效应的异质分布。

模型6.4的研究设计与模型6.3相类似，本章采用模型6.4来问询错配对大股东代理问题的影响：

$$
\begin{aligned}
ftunelling = {} & \beta_0 + \beta_1 MM + \beta_2 ceodual + \beta_3 boardsize \\
& + \beta_4 indepratio + \beta_5 first + \beta_6 size + \beta_7 lev + \beta_8 roa \\
& + \beta_9 cr + \beta_{10} accural + \beta_{11} ic + \beta_{12} big4 + \xi
\end{aligned}
\qquad \text{（模型 6.4）}
$$

其中，ftunelling为大股东t+1期掏空指标。参考已有文献，本书采用两种方法予以度量：经行业调整的其他应收款/总资产和异常关联交易。（Jian and Wong，2010；Jiang et al.，2010；Chen et al，2018）MM为问询错配程度哑变量。First为第一大股东持股比例，其他控制变量选取和计算同模型6.3。进一步，本书将样本依据是否产业政策支持和注册地是否出现高级官员落马分组，考察问询错配效应的异质分布。表6.1报告了本章主要变量的定义及计算方法。

表 6.1 主要变量定义及其计算方法

变量简称	变量名称	变量定义
fsalary	高管薪酬	t+1 期前三董事监事高管薪酬之和的自然对数
ftunelling	大股东掏空	借鉴 Jian and Wong（2010）、Chen et al.（2018）方法测度的 t+1 期异常关联交易
MM	问询错配	将经模型 6.1 和 6.2 测度的问询错配程度分为两组，取错配程度高组（MM 值低于中位数组）赋值为 1，否则为 0
CL	收到问询函	当公司收到定期报告问询函时（包含年报、半年报和季报问询函），赋值为 1，否则为 0
ip_ dl	产业政策	参考陈冬华等（2010）、陆正飞和韩非池（2013）以及祝继高等（2015）的方法，采用“五年计划”中关于行业的发展规划来衡量产业政策
anticorr1	官员落马	参考王贤彬等（2017）的方法，若当年公司注册所在地发生省部级官员落马赋值为 1，否则为 0
ceodual	两职兼任	当董事长兼任总经理时，赋值为 1，否则为 0
boardsize	董事会规模	董事会人数
indepratio	独董占比	独立董事占董事会比重
first	大股东持股	大股东持股比例
size	公司规模	年末总资产的自然对数
lev	杠杆率	年末负债/年末总资产
cr	流动性	年末流动资产/年末流动负债
roa	盈利能力	净利润/年末总资产
accural	总应计	（净利润 - 经营现金流）/年末总资产
otheraccrec	大股东占款	其他应收款/总资产
ic	内控质量	用迪博内控指数的自然对数衡量
big4	审计质量	当审计师事务所为国际四大时赋值为 1，否则为 0
age	上市年龄	上市年龄
soe	产权性质	实际控制人性质为国有时取值为 1，否则取 0

根据假说 H6.1，相较于那些潜在披露问题较小并且没有被监管问询的公司，那些存在潜在披露问题却没有被监管问询的公司，其第一类代理问题未来更为严重，表现为管理层薪酬业绩敏感性更低，并且上述现象在产业政策支持和未出现官员落马组更为显著。因此，预期模型 6.3 中交互项 MM * forroa 的回归系数显著为负，并且上述现象在产业政策支持和未出现官员落马组更为显著。

根据假说 H6.2，相较于那些潜在披露问题较小并且没有被监管问询的公司，那些存在潜在披露问题却没有被监管问询的公司，其第二类代理问题未来更为严重，表现为大股东“掏空”公司越严重，并且上述现象在产业政策支持和未出现官员落马组更为显著。因此，预期模型 6.4 中 MM 的回归系数显著为正，并且上述现象在产业政策支持和未出现官员落马组更为显著。

二、主要变量的样本描述

（一）主要变量的描述性统计

表 6.2 报告了本章主要变量的描述性统计，用于假说 6.1 和假说 6.2 的样本观测值分别为 6031 个和 6005 个。被解释变量方面，样本公司 t+1 期前三董事监事高管薪酬总额的自然对数均值为 14.49，最小值为 11.46，最大值为 16.30，说明样本公司高管薪酬存在较为显著的差异。t+1 期盈利能力 forroa 均值为 0.036，说明整体上未被问询公司盈利能力较高。t+1 期大股东占款 frpt 均值为 0.7%，从极值和分位数来看，样本公司大股东掏空量存在显著的差异，模型测度的异常交易量均值为 0。MM 为按照模型 6.1 测度的残差从小到大按中位数每年等分为两组——错配程度高组和

错配程度低组。由于本书剔除了被问询样本公司，所以样本更多地集中于错配程度高组，其均值为 62.9%，而非 50%。公司治理变量中，约有 24.4%样本公司董事长与总经理两职兼任；董事会平均规模 8.64，最大值为 15，最小值为 5，其中独立董事占比均值为 0.374，中位数为 0.333，这与已有研究保持一致。整体来看，样本公司的财务和治理变量基本符合正态分布特征并在样本期间内呈现一定的差异性。

表 6.2　主要变量的描述性统计

Variable	*N*	sd	mean	p25	p50	p75	min	max
forsalary1	6031	0.685	14.49	14.04	14.46	14.89	11.46	16.30
forroa	6031	0.054	0.036	0.014	0.033	0.060	-0.335	0.199
frpt	6005	0.0248	0.007	-0.003	6.28e-05	0.008	-0.014	0.162
frpt2	6005	0.240	-0.000	-0.159	-0.064	0.100	-0.364	0.701
MM	6031	0.483	0.629	0	1	1	0	1
ceodual	6031	0.431	0.244	1	1	1	0	1
boardsize	6031	1.701	8.642	7	9	9	5	15
indepratio	6031	0.053	0.374	0.333	0.333	0.429	0.231	0.571
size	6031	1.332	22.08	21.14	21.90	22.83	18.93	26.63
lev	6031	0.544	0.557	0.303	0.485	0.691	0.046	6.596
cr	6031	2.553	2.377	1.127	1.661	2.618	0.187	20.85
accural	6031	0.096	-0.003	-0.049	-0.009	0.033	-0.399	0.623
ic	6031	1.005	6.326	6.434	6.500	6.553	0	6.721
big4	6031	0.238	0.0602	0	0	0	0	1
age	6031	0.714	2.270	1.609	2.485	2.944	0.693	3.219
soe	6031	0.491	0.403	0	0	1	0	1

（二）单变量测试

表 6.3 报告了本章主要变量的秩和检验结果。本书根据错配程度对大股东占款和异常关联交易进行分组，结果表明，问询错配程度高组的大股东占款和异常关联交易均在 1% 水平上显著高于问询错配程度低组。这为假说 H6.2 的检验提供了初步的经验证据。

表 6.3　主要变量单变量检验结果

组别	样本量	frpt			
		均值	中值	T 值	Z 值
MM = 1	3754	0.009	0.001	-5.68**	-10.41**
MM = 0	2251	0.005	-0.001		
组别	样本	frpt2			
		均值	中值	T 值	Z 值
MM = 1	3754	0.006	-0.060	-2.72***	-2.86***
MM = 0	2251	-0.011	-0.072		

注：*、**、***分别表示在 10%、5 %、1 %的置信水平上显著（双尾检验）。

第四节　实证检验结果

一、问询错配与管理层代理问题恶化

表 6.4 列示了假说 H6.1 的实证结果。第（1）列中，froa 在 1% 水平上显著为正，说明公司盈利能力越高，高管薪酬越高。交乘项 MM * forroa

在5%水平上显著为负，说明问询错配确实弱化了公司薪酬与业绩之间的敏感性。进一步地，本章将样本根据产业政策和是否出现官员落马各自分为两组。第（2）列和第（3）列结果表明，上述错配效应仅出现在产业政策支持样本组（1%水平上显著），而在非产业政策支持组并不显著。第（4）列和第（5）列结果表明，上述错配效应仅出现在未出现高级官员落马样本组（5%水平上显著），而在出现高级官员落马组并不显著。上述结论表明，相较于那些潜在披露问题较小并且没有被监管问询的公司，那些存在潜在披露问题却没有被监管问询的公司，其第一类代理问题未来更为严重，表现为管理层薪酬业绩敏感性更低，并且上述现象在产业政策支持和未出现官员落马组更为显著。据此，假说H6.1提出的问询选择带来的错配效应得到经验证据的支持。

控制变量方面，与Firth et al.（2006）、Cadman et al.（2010）以及陈胜蓝和卢锐（2012）的研究保持一致，公司规模越大、董事会规模越大，高管薪酬水平越高，国有企业薪酬水平显著低于民营企业；而独立董事董事会占比越高，高管薪酬水平越低。其他变量虽与预期保持一致，但并不显著。

表6.4　问询错配与管理层代理问题恶化

	(1)	(2)	(3)	(4)	(5)
		ip_ d1 = 1	ip_ d1 = 0	anticorr1 = 1	anticorr1 = 0
VARIABLES	fsalary	fsalary	fsalary	fsalary	fsalary
forroa	2.987***	3.105***	3.024***	2.965***	3.016***
	(0.000)	(0.000)	(0.000)	(0.000)	(0.000)

续表

	(1)	(2)	(3)	(4)	(5)
		ip_ d1 = 1	ip_ d1 = 0	anticorr1 = 1	anticorr1 = 0
VARIABLES	fsalary	fsalary	fsalary	fsalary	fsalary
MM	-0.087*** (0.001)	-0.040 (0.253)	-0.132*** (0.000)	-0.064** (0.044)	-0.141*** (0.001)
MM * forroa	-0.755** (0.019)	-1.096*** (0.007)	-0.614 (0.222)	-0.588 (0.141)	-1.166** (0.036)
ceodual	0.009 (0.638)	0.068*** (0.005)	-0.058** (0.044)	0.018 (0.402)	-0.017 (0.629)
boardsize	0.012** (0.034)	0.017** (0.012)	0.008 (0.359)	0.015** (0.030)	0.005 (0.552)
indepratio	-0.332** (0.038)	0.121 (0.556)	-0.841*** (0.001)	-0.336* (0.081)	-0.222 (0.440)
size	0.206*** (0.000)	0.185*** (0.000)	0.230*** (0.000)	0.212*** (0.000)	0.197*** (0.000)
lev	0.122*** (0.000)	0.064** (0.019)	0.158*** (0.000)	0.116*** (0.000)	0.138*** (0.000)
cr	0.006* (0.060)	-0.000 (0.931)	0.017*** (0.005)	0.008** (0.048)	0.004 (0.568)
accural	0.246*** (0.005)	0.157 (0.197)	0.295** (0.019)	0.228** (0.039)	0.269* (0.067)
otheraccrec	0.165 (0.633)	-0.012 (0.982)	0.165 (0.698)	-0.024 (0.955)	0.615 (0.290)
ic	0.041*** (0.000)	0.054*** (0.000)	0.025* (0.081)	0.033*** (0.006)	0.055*** (0.001)

续表

	(1)	(2)	(3)	(4)	(5)
		ip_ *d*1 =1	ip_ *d*1 =0	anticorr1 =1	anticorr1 =0
VARIABLES	fsalary	fsalary	fsalary	fsalary	fsalary
big4	0. 086*	0. 060	0. 137**	0. 135**	-0. 014
	(0. 055)	(0. 318)	(0. 041)	(0. 014)	(0. 853)
age	0. 055***	0. 028	0. 090***	0. 054***	0. 054**
	(0. 000)	(0. 121)	(0. 000)	(0. 001)	(0. 026)
soe	-0. 328***	-0. 332***	-0. 315***	-0. 324***	-0. 323***
	(0. 000)	(0. 000)	(0. 000)	(0. 000)	(0. 000)
Constant	9. 514***	9. 731***	9. 234***	9. 406***	9. 679***
	(0. 000)	(0. 000)	(0. 000)	(0. 000)	(0. 000)
Year	控制	控制	控制	控制	控制
Industry	控制	控制	控制	控制	控制
Observations	6，031	3，307	2，724	4，135	1，896
R - squared	0. 2558	0. 2292	0. 2984	0. 2599	0. 2567

注：所有系数估计值都使用异方差调整和公司聚类调整得到的稳健性标准误，并在括号内给出调整后的 p 值。*、**、***分别表示在 10%、5 %、1 %的置信水平上显著（双尾检验）。

二、问询错配与大股东代理问题恶化

表 6. 5 列示了假说 H6. 2 的实证结果。第（1）列中，MM 在 1% 水平上显著为正，说明问询带来的错配效应表现为更为严重的大股东掏空水平。进一步地，本章将样本根据产业政策和是否出现官员落马各自分为两组。第（2）列和第（3）列结果表明，上述错配效应仅出现在产业政策支

持样本组（1%水平上显著），而在非产业政策支持组并不显著。第（4）列和第（5）列结果表明，上述错配效应仅出现在未出现高级官员落马样本组（1%水平上显著），而在出现高级官员落马组并不显著。上述结论表明，相较于那些潜在披露问题较小并且没有被监管问询的公司，那些存在潜在披露问题却没有被监管问询的公司，其第二类代理问题未来更为严重，表现为大股东掏空越多，并且上述现象在产业政策支持和未出现官员落马组更为显著。据此，假说 H6.2 提出的问询选择带来的错配效应得到经验证据的支持。

控制变量方面，与 Jian and Wong（2010）以及 Chen et al.（2018）的研究保持一致，总应计项目占比越高，财务杠杆越高，大股东掏空水平越高；而大股东持股比例越高，盈利能力越强，大股东掏空水平越低。其他变量虽与预期保持一致，但并不显著。

表 6.5　问询错配与大股东代理问题恶化

	(1)	(2)	(3)	(4)	(5)
		ip_ *d*1 = 1	ip_ *d*1 = 0	anticorr1 = 1	anticorr1 = 0
VARIABLES	frpt	frpt	frpt	frpt	frpt
MM	0.002***	0.005***	−0.000	0.001	0.005***
	(0.009)	(0.000)	(0.753)	(0.318)	(0.001)
ceodual	−0.001	−0.001	−0.001	−0.001	−0.002
	(0.106)	(0.394)	(0.201)	(0.346)	(0.132)
boardsize	0.001	−0.007	0.017**	0.002	−0.002
	(0.859)	(0.265)	(0.021)	(0.757)	(0.775)

续表

	(1)	(2)	(3)	(4)	(5)
		ip_ d1 = 1	ip_ d1 = 0	anticorr1 = 1	anticorr1 = 0
VARIABLES	frpt	frpt	frpt	frpt	frpt
indepratio	0.012 (0.107)	-0.001 (0.909)	0.032*** (0.010)	0.012 (0.156)	0.011 (0.385)
first	-0.007*** (0.002)	-0.007*** (0.010)	-0.007* (0.054)	-0.005* (0.081)	-0.010*** (0.005)
size	0.001*** (0.000)	-0.000 (0.992)	0.003*** (0.000)	0.002*** (0.001)	0.001 (0.131)
lev	0.005*** (0.000)	0.002*** (0.010)	0.006*** (0.000)	0.005*** (0.000)	0.004*** (0.006)
cr	-0.000 (0.380)	-0.000** (0.038)	0.000 (0.857)	0.000 (0.979)	-0.000* (0.065)
roa	-0.040*** (0.000)	-0.025*** (0.003)	-0.053*** (0.000)	-0.047*** (0.000)	-0.025** (0.027)
accural	0.014*** (0.002)	0.013** (0.043)	0.014** (0.036)	0.015** (0.013)	0.015** (0.044)
ic	-0.001 (0.180)	-0.000 (0.521)	-0.001 (0.182)	-0.001 (0.216)	-0.001 (0.484)
big4	0.001 (0.505)	0.002 (0.287)	0.000 (0.918)	0.002 (0.438)	0.001 (0.780)
age	0.002*** (0.000)	0.002*** (0.001)	0.002** (0.034)	0.003*** (0.000)	0.001 (0.120)
soe	-0.003*** (0.005)	0.002 (0.321)	-0.007*** (0.000)	-0.005*** (0.001)	0.000 (0.945)

续表

	(1)	(2)	(3)	(4)	(5)
		ip_ d1 =1	ip_ d1 =0	anticorr1 =1	anticorr1 =0
VARIABLES	frpt	frpt	frpt	frpt	frpt
Constant	-0.025***	0.010	-0.066***	-0.031***	-0.014
	(0.004)	(0.339)	(0.000)	(0.005)	(0.336)
Year	控制	控制	控制	控制	控制
Industry	控制	控制	控制	控制	控制
Observations	6, 005	3, 292	2, 713	4, 104	1, 901
R - squared	0.0451	0.0432	0.0609	0.0499	0.0440

注：所有系数估计值都使用异方差调整和公司聚类调整得到的稳健性标准误，并在括号内给出调整后的 p 值。*、**、***分别表示在 10%、5%、1%的置信水平上显著（双尾检验）。

第五节　稳健性检验

一、替换薪酬指标

为保证研究结论的可靠性，本书对被解释变量高管薪酬寻找替代性指标予以测度。本章进一步采用董事前三薪酬之和的自然对数 fsalary2 以及高管前三之和的自然对数作为高管薪酬的替代指标，其他控制变量与前文保持一致。表 6.6 Panel A 和 Panel B 的结果表明，相较于那些潜在披露问题较小并且没有被监管问询的公司，那些存在潜在披露问题却没有被监管问询的公司，其第一类代理问题未来更为严重，表现为管理层薪酬业绩敏感性更低，并且上述现象在产业政策支持和未出现官员落马组更为显著。据此，本章假说 H6.1 研究结论保持稳健。

表 6.6 替换薪酬指标

Panel A **采用董事前三薪酬之和的自然对数** fsalary**2 替换高管薪酬**

	(1)	(2)	(3)	(4)	(5)
		ip_ *d*1 =1	ip_ *d*1 =0	anticorr1 =1	anticorr1 =0
VARIABLES	fsalary2	fsalary2	fsalary2	fsalary2	fsalary2
forroa	2.760***	2.816***	2.764***	2.675***	2.839***
	(0.000)	(0.000)	(0.000)	(0.000)	(0.000)
MM	−0.097***	−0.053	−0.140***	−0.104***	−0.092*
	(0.002)	(0.207)	(0.002)	(0.007)	(0.096)
MM * forroa	−1.040***	−1.364***	−0.791	−0.633	−1.874***
	(0.005)	(0.004)	(0.184)	(0.160)	(0.007)
ceodual	0.002	0.051*	−0.055*	0.013	−0.028
	(0.901)	(0.052)	(0.072)	(0.559)	(0.493)
boardsize	0.040***	0.040***	0.041***	0.043***	0.035***
	(0.000)	(0.000)	(0.000)	(0.000)	(0.002)
indepratio	−0.869***	−0.666**	−1.063***	−0.820***	−0.858**
	(0.000)	(0.015)	(0.000)	(0.001)	(0.015)
size	0.211***	0.202***	0.225***	0.218***	0.199***
	(0.000)	(0.000)	(0.000)	(0.000)	(0.000)
lev	0.126***	0.086***	0.152***	0.117***	0.144***
	(0.000)	(0.003)	(0.000)	(0.000)	(0.000)

续表

	(1)	(2)	(3)	(4)	(5)
		ip_ d1 = 1	ip_ d1 = 0	anticorr1 = 1	anticorr1 = 0
VARIABLES	fsalary2	fsalary2	fsalary2	fsalary2	fsalary2
cr	-0.004 (0.352)	-0.010* (0.070)	0.008 (0.256)	-0.001 (0.740)	-0.009 (0.431)
accural	0.086 (0.395)	0.019 (0.902)	0.132 (0.330)	0.131 (0.288)	-0.010 (0.955)
otheraccrec	-0.242 (0.521)	-0.052 (0.926)	-0.336 (0.493)	-0.508 (0.280)	0.378 (0.549)
ic	0.037*** (0.001)	0.057*** (0.001)	0.013 (0.398)	0.025* (0.064)	0.060*** (0.006)
big4	0.092** (0.025)	0.085 (0.163)	0.101* (0.068)	0.117** (0.016)	0.056 (0.459)
age	-0.036** (0.020)	-0.043** (0.037)	-0.017 (0.470)	-0.039** (0.027)	-0.036 (0.240)
soe	-0.442*** (0.000)	-0.456*** (0.000)	-0.434*** (0.000)	-0.436*** (0.000)	-0.425*** (0.000)
Constant	9.130*** (0.000)	9.130*** (0.000)	8.996*** (0.000)	9.075*** (0.000)	9.193*** (0.000)
Year	控制	控制	控制	控制	控制
Industry	控制	控制	控制	控制	控制
Observations	5,950	3,256	2,694	4,090	1,860
R - squared	0.2254	0.2125	0.2534	0.2383	0.2027

注：所有系数估计值都使用异方差调整和公司聚类调整得到的稳健性标准误，并在括号内给出调整后的p值。*、**、***分别表示在10%、5%、1%的置信水平上显

著（双尾检验）。

Panel B 采用高管前三薪酬之和的自然对数 fsalary3 替换高管薪酬

	(1)	(2)	(3)	(4)	(5)
		ip_ d1 = 1	ip_ d1 = 0	anticorr1 = 1	anticorr1 = 0
VARIABLES	fsalary3	fsalary3	fsalary3	fsalary3	fsalary3
forroa	2.961 ***	3.116 ***	2.976 ***	2.942 ***	2.990 ***
	(0.000)	(0.000)	(0.000)	(0.000)	(0.000)
MM	-0.085 ***	-0.029	-0.136 ***	-0.066 **	-0.131 ***
	(0.001)	(0.403)	(0.000)	(0.038)	(0.001)
MM * forroa	-0.742 **	-1.072 ***	-0.627	-0.624	-1.031 *
	(0.022)	(0.009)	(0.216)	(0.126)	(0.058)
ceodual	-0.048 ***	0.010	-0.112 ***	-0.044 **	-0.058 *
	(0.009)	(0.680)	(0.000)	(0.039)	(0.095)
boardsize	0.011 **	0.016 **	0.008	0.015 **	0.003
	(0.047)	(0.022)	(0.389)	(0.028)	(0.705)
indepratio	-0.268 *	0.194	-0.793 ***	-0.222	-0.258
	(0.092)	(0.348)	(0.002)	(0.248)	(0.361)
size	0.201 ***	0.186 ***	0.221 ***	0.205 ***	0.195 ***
	(0.000)	(0.000)	(0.000)	(0.000)	(0.000)
lev	0.121 ***	0.069 ***	0.153 ***	0.117 ***	0.132 ***
	(0.000)	(0.004)	(0.000)	(0.000)	(0.000)
cr	0.008 **	0.002	0.017 ***	0.009 **	0.005
	(0.026)	(0.693)	(0.004)	(0.025)	(0.420)
accural	0.238 ***	0.144	0.296 **	0.213 *	0.276 *
	(0.007)	(0.230)	(0.020)	(0.052)	(0.061)

续表

	(1)	(2)	(3)	(4)	(5)
		ip_ d1 = 1	ip_ d1 = 0	anticorr1 = 1	anticorr1 = 0
VARIABLES	fsalary3	fsalary3	fsalary3	fsalary3	fsalary3
otheraccrec	0.183 (0.599)	0.163 (0.763)	0.046 (0.915)	-0.043 (0.920)	0.703 (0.236)
ic	0.039 * * * (0.000)	0.050 * * * (0.000)	0.027 * (0.062)	0.032 * * * (0.009)	0.052 * * * (0.002)
big4	0.161 * * * (0.000)	0.112 * * (0.030)	0.233 * * * (0.000)	0.191 * * * (0.000)	0.091 (0.147)
age	0.042 * * * (0.001)	0.009 (0.612)	0.084 * * * (0.000)	0.046 * * * (0.004)	0.034 (0.152)
soe	-0.259 * * * (0.000)	-0.250 * * * (0.000)	-0.257 * * * (0.000)	-0.256 * * * (0.000)	-0.251 * * * (0.000)
Constant	9.554 * * * (0.000)	9.671 * * * (0.000)	9.344 * * * (0.000)	9.455 * * * (0.000)	9.698 * * * (0.000)
Year	控制	控制	控制	控制	控制
Industry	控制	控制	控制	控制	控制
Observations	6，020	3，299	2，721	4，128	1，892
R - squared	0.2593	0.2289	0.3063	0.2601	0.2649

注：所有系数估计值都使用异方差调整和公司聚类调整得到的稳健性标准误，并在括号内给出调整后的 p 值。*、* *、* * * 分别表示在 10%、5 %、1 % 的置信水平上显著（双尾检验）。

二、替换掏空指标

借鉴 Jian and Wong（2010）、Chen et al. （2018）以及陈胜蓝和卢锐（2018）的研究方法，本书采用模型估计出企业的异常关联交易，并将其作为大股东占款的替代变量。具体地，本章借鉴 Jian and Wong（2010）、Chen et al. （2018）以及陈胜蓝和卢锐（2018）的模型估计出公司正常关联交易水平，然后用公司实际关联交易与估计的政策关联交易之差来构建非正常关联交易变量。表 6.7 的结果再次表明，相较于那些潜在披露问题较小并且没有被监管问询的公司，那些存在潜在披露问题却没有被监管问询的公司，其大股东掏空问题越严重，并且上述现象在产业政策支持和未出现官员落马组更为显著。据此，本章假说 H6.2 研究结论保持稳健。

表 6.7　替换掏空指标

	(1)	(2)	(3)	(4)	(5)
		ip_ d1 = 1	ip_ d1 = 0	anticorr1 = 1	anticorr1 = 0
VARIABLES	frpt2	frpt2	frpt2	frpt2	frpt2
dummy	0.019**	0.022**	0.005	0.009	0.038***
	(0.016)	(0.038)	(0.727)	(0.339)	(0.007)
ceodual	-0.011	-0.005	-0.021*	-0.008	-0.021
	(0.151)	(0.595)	(0.075)	(0.351)	(0.139)
boardsize	-0.074*	-0.105**	-0.006	-0.097**	-0.035
	(0.055)	(0.032)	(0.930)	(0.036)	(0.629)
indepratio	-0.349***	-0.206**	-0.490***	-0.370***	-0.305**
	(0.000)	(0.023)	(0.000)	(0.000)	(0.014)

续表

	(1)	(2)	(3)	(4)	(5)
		ip_ d1 = 1	ip_ d1 = 0	anticorr1 = 1	anticorr1 = 0
VARIABLES	frpt2	frpt2	frpt2	frpt2	frpt2
first	0. 113***	0. 120***	0. 126***	0. 097***	0. 154***
	(0. 000)	(0. 000)	(0. 000)	(0. 000)	(0. 000)
ic	-0. 010**	-0. 004	-0. 009	-0. 011**	-0. 008
	(0. 014)	(0. 456)	(0. 107)	(0. 026)	(0. 226)
big4	-0. 060***	-0. 043**	-0. 061***	-0. 060***	-0. 053**
	(0. 000)	(0. 027)	(0. 008)	(0. 001)	(0. 026)
age	0. 049***	0. 051***	0. 039***	0. 037***	0. 076***
	(0. 000)	(0. 000)	(0. 000)	(0. 000)	(0. 000)
soe	-0. 023***	-0. 006	-0. 039***	-0. 023**	-0. 024
	(0. 010)	(0. 650)	(0. 004)	(0. 037)	(0. 115)
Constant	0. 095	0. 009	0. 622***	0. 174**	-0. 081
	(0. 113)	(0. 902)	(0. 000)	(0. 012)	(0. 477)
Year	控制	控制	控制	控制	控制
Industry	控制	控制	控制	控制	控制
Observations	6, 005	3, 292	2, 713	4, 104	1, 901
R - squared	0. 0270	0. 0268	0. 0457	0. 0204	0. 0469

注：所有系数估计值都使用异方差调整和公司聚类调整得到的稳健性标准误，并在括号内给出调整后的 p 值。*、**、***分别表示在 10%、5 %、1 %的置信水平上显著（双尾检验）。

第六节　本章结论

一、本章结论

如果监管部门实施同一化监管，即在基本面相同的情况下，企业的信息披露违规行为被问询的概率相同，资源会更多地流向信息披露质量更高的企业，进而整体提高全社会资源配置的效率。相反，如果监管部门实施差异化监管，即企业的信息披露违规行为被问询的概率存在系统性差异（主要表现为监管执行不足），这意味着，那些信息披露质量较差的公司其行为得不到及时地披露和纠正，使投资者和其他利益相关者面临较高的损失。

本章研究发现：（1）相较于那些潜在披露问题较小并且没有被监管问询的公司，那些存在潜在披露问题却没有被监管问询的公司，其第一类代理问题未来更为严重，表现为管理层薪酬业绩敏感性更低，并且上述现象在产业政策支持和未出现官员落马组更为显著。（2）相较于那些潜在披露问题较小并且没有被监管问询的公司，那些存在潜在披露问题却没有被监管问询的公司，其第二类代理问题未来更为严重，表现为大股东掏空公司现象越严重，并且上述现象在产业政策支持和未出现官员落马组更为显著。

二、研究贡献

本章的研究贡献主要体现在以下三方面。

（1）创新性借鉴已有审计意见松紧模型（Lennox，2005），合理将未被问询样本分类为应该被问询却没有被问询样本和不该被问询也确实没有被问询样本，进而识别问询错配的经济后果。

（2）本章从两类代理问题，尤其是大股东代理问题出发，丰富了转型国家选择性监管问询错配经济后果的文献。正如 Leuz and Wysocki（2016）在 Journal of Accounting Research 关于信息披露管制文献回顾中提及，已有多数选择性监管的文献仅关注监管的选择性而忽略由此带来的错配后果，本章的研究弥补了上述研究的不足。

（3）呼应第四章选择性问询，形成一以贯之的逻辑。第四章结果表明，产业政策支持行业公司以及注册地未出现高级官员落马的公司更少收到交易所出具的问询函，这意味着，上述错配行为更可能出现在产业政策支持行业公司以及注册地未出现高级官员落马的公司样本中。本章结果支持了上述预期，呼应了第四章年报问询选择性。

（4）本章的研究反向印证了监管公允性的重要性，对于问题严重的公司，因为监管的选择性，使得企业获得保护伞而加剧两类代理问题，这对于资本市场的长期治理和资源配置造成严重的负面影响。

第七章

监管问询、错配与公司会计财务行为

第六章从两类代理问题视角考察年报信息选择性监管带来的错配后果。从长期来看，年报信息选择性监管导致的错配必然会反映到企业的会计和财务行为当中，进而损害股东和债权人等利益相关者的权益。本章基于激进盈余管理以及非效率投资决策（表现为投资灵活性下降）两个角度考察问询错配带来的经济后果。具体而言，本章着力于考察那些该被问询却没有被问询公司其未来是否更可能出现激进的盈余管理行为以及非科学性投资决策。

第一节　理论分析与研究假说

一、监管问询、错配与公司会计财务行为

如果监管部门实施同一化监管，即在基本面相同的情况下，企业的信息披露违规行为被问询的概率相同，资源会更多地流向信息披露质量更高的企业，进而整体提高全社会资源配置的效率。相反，如果监管部门实施差异化监管，即企业的信息披露违规行为被问询的概率存在系统性差异

（主要表现为监管执行不足），这意味着，那些信息披露质量较差的公司其行为得不到及时的披露和纠正，使投资者和其他利益相关者因面临较高的信息不对称和不确定性而蒙受损失。第六章研究发现，相较于那些潜在披露问题较小并且没有被监管问询的公司，那些存在潜在披露问题却没有被监管问询的公司，其两类代理问题（管理层代理问题和大股东代理问题）未来更为严重，并且上述现象在产业政策支持和未出现官员落马组更为显著。从长期来看，年报信息选择性监管导致的错配必然会反映到企业的会计和财务行为当中，进而损害股东和债权人等利益相关者的权益。已有文献发现，两类代理问题越严重，公司会计信息质量越差（佟岩和程小可，2007；郑国坚，2009；高雷和张杰，2009；姜付秀等，2013；窦欢和陆正飞，2017），会计信息估值功能（会计信息指引投资的功能）不能得到较好的发挥，导致投资决策科学性也更差（冉茂盛等，2010；窦炜等，2011；李云鹤，2014）。本章基于激进盈余管理以及非效率投资决策（表现为投资灵活性下降）两个角度考察问询错配带来的经济后果。进一步地，第四章结果表明，产业政策支持行业公司以及注册地未出现高级官员落马的公司更少收到交易所出具的问询函，这意味着，上述错配行为更可能出现在产业政策支持行业公司以及注册地未出现高级官员落马的公司样本中。提出如下假说：

H7.1：相较于那些潜在披露问题较小并且没有被监管问询的公司，那些存在潜在披露问题却没有被监管问询的公司，其未来会计信息质量更低，表现为更为激进的盈余管理行为，并且上述现象在产业政策支持和未出现官员落马组更为显著。

H7.2：相较于那些潜在披露问题较小并且没有被监管问询的公司，那些存在潜在披露问题却没有被监管问询的公司，其未来投资决策越不科学，表现为投资灵活性显著下降，并且上述现象在产业政策支持和未出现官员落马组更为显著。

第二节　样本选择

一、数据来源

本章以我国A股上市公司作为研究对象，实证分析所用的公司财务数据及公司治理数据来自CSMAR公司研究数据库。内部控制数据来源于迪博公司每年发布的《中国上市公司内部控制指数》。公司是否收到问询函系手工收集。具体地，本书整合了沪深交易所官网、万得（Wind）、国泰安（CSMAR）以及巨潮（Cninf）等数据库全文公告，并结合百度搜索引擎检索，确保指标度量的准确性。研究期间为2014年至2016年，由于被解释变量计算需要用到下一期数据，故本书的实际数据期间为2014年至2017年。

为了控制极端值对检验结果带来的偏误和影响，本章对所有连续变量在1%和99%分位数上实施了缩尾处理。为了缓解回归误差的自相关性，对每个公司采用“聚类”的方法来调整系数估计值的标准误（Petersen，2009），同时使用White（1980）的方法对异方差进行调整，并据此计算回归系数的p值。

二、样本筛选

本章采用如下步骤对研究样本进行处理：(1) 剔除 A 股金融保险行业的上市公司；(2) 在估计被问询概率后剔除被问询样本公司；(3) 按照模型测度的错配程度高低，分年度将研究样本等分为两组——错配程度高组和错配程度低组；(4) 剔除本章所需变量存在缺失的观测值，根据被解释变量缺失差异，为最大化利用样本，最终分别得到用于本章实证分析的上市公司年度观察值为 5972 个和 5971 个。

第三节　研究设计与研究变量描述

一、研究模型和变量定义

在验证假说 H7. 1 和 H7. 2 前，沿用第六章做法，本章首先采用建模的方式估算出每个样本公司问询错配的概率。借鉴 Lennox (2005) 对审计意见松紧程度的度量方法，本书首先根据模型 7. 1 对同年度企业所属行业的上市公司进行 OLS 回归，得到相应系数 β_1 至 β_{10} 的估计值；然后根据模型 (7. 2) 得出公司应该问询而没有被问询的概率，MM 越小，表明公司错配程度越高。

为检验问询错配对公司盈余质量的影响，参考（胥朝阳和刘睿智，2015；胡宁，2016）等的研究，本章选取如下模型进行检验：

$$fda = \beta_0 + \beta_1 MM + \beta_2 ceodual + \beta_3 boardsize + \beta_4 indepratio + \beta_5 first$$

$$+\beta_6 size+\beta_7 lev+\beta_8 roa+\beta_9 cr+\beta_{10} accural+\beta_{11} ic+\beta_{12} big4+\xi$$

（模型 7.1）

其中，fda 为公司 t+1 期盈余质量指标。参考已有文献，本书采用两种方法予以度量：修正的 Jones 模型残差（Dechow et al.，1995）以及经总资产收益率调整后的 Jones 模型残差（Kothari et al.，2005）。MM 为问询错配程度哑变量。first 为第一大股东持股比例，其他控制变量选取和计算同模型 6.3。进一步，本书将样本依据是否产业政策支持和注册地是否出现高级官员落马分组，考察问询错配效应的异质分布。表 7.1 报告了本章主要变量的定义及计算方法。

为验证问询错配对企业投资决策灵活性的影响，本书借鉴以往公司投资与投资机会敏感性的相关文献（Baker et al.，2003；Akdoĝu and MacKay，2008；Mclean et al.，2012；陈信元等，2013），本章采用模型 7.2 来问询错配对公司投资科学性的影响：

$$finv=\beta_0+\beta_1 tobinq+\beta_2 MM+\beta_3 MM^{*} tobinq+\beta_4 sizecash+\beta_5 lev$$
$$+\beta_6 cr+\beta_7 cash+\beta_8 cfo+\beta_9 ic+\beta_{10} age+\beta_{11} soe+year$$

（模型 7.2）

其中，被解释变量 finv 为 t+1 期新增投资规模。本章将资本投资定义为（“购建固定资产、无形资产和其他长期资产支付的现金”＋“取得子公司及其他营业单位支付的现金净额”－“处置固定资产、无形资产和其他长期资产收回的现金净额”－“处置子公司及其他营业单位收到的现金净额”）/期初总资产。Tobinq 衡量了公司所面临的投资机会，等于（股票年末总市值+负债年末账面价值）/期末总资产。本书将经模型 7.1 和 7.2 测度的问询错配程度分为两组，错配程度低组（MM 值高于中位数组）和错配程度高组（MM 值低于中位数组），将公司规模（size）、资产负债率（lev）、流动比率（cr）、现金持有量（cash）、经营活动净流量（cfo）、内控质量（ic）、公司年龄（age）和产权性质（soe）作为控制变量。此外，还在模型中加入了年度哑变量 Year，以控制年度固定效应。

表 7.1　主要变量定义及其计算方法

变量简称	变量名称	变量定义
fda	盈余质量	基于修正的 Jones 模型测度的残差绝对值（Dechow et al.，1995）
finv	新增投资规模	t+1 期新增投资规模。本章将资本投资定义为（“购建固定资产、无形资产和其他长期资产支付的现金”+“取得子公司及其他营业单位支付的现金净额”-“处置固定资产、无形资产和其他长期资产收回的现金净额”-“处置子公司及其他营业单位收到的现金净额”）/期初总资产
tobinq	托宾 Q 值	公司所面临的投资机会，等于（股票年末总市值+负债年末账面价值）/期末总资产
MM	问询错配	将经模型 7.1 和 7.2 测度的问询错配程度分为两组，取错配程度高组（MM 值低于中位数组）赋值为 1，否则为 0
CL	收到问询函	当公司收到定期报告问询函时（包含年报、半年报和季报问询函），赋值为 1，否则为 0
ip_ d1	产业政策	参考陈冬华等（2010）、陆正飞和韩非池（2013）以及祝继高等（2015）的方法，采用“五年计划”中关于行业的发展规划来衡量产业政策

续表

变量简称	变量名称	变量定义
anticorr1	官员落马	参考王贤彬等（2017）的方法，若当年公司注册所在地发生省部级官员落马赋值为1，否则为0
ceodual	两职兼任	当董事长兼任总经理时，赋值为1，否则为0
boardsize	董事会规模	董事会人数
indepratio	独董占比	独立董事占董事会比重
first	大股东持股	大股东持股比例
size	公司规模	年末总资产的自然对数
lev	杠杆率	年末负债/年末总资产
cr	流动性	年末流动资产/年末流动负债
cfo	经营现金流	经营活动现金流/年末总资产
roa	盈利能力	净利润/年末总资产
accural	总应计	（净利润 - 经营现金流）/年末总资产
otheraccrec	大股东占款	其他应收款/总资产
ic	内控质量	用迪博内控指数的自然对数衡量
big4	审计质量	当审计师事务所为国际四大时赋值为1，否则为0
age	上市年龄	上市年龄
soe	产权性质	实际控制人性质为国有时取值为1，否则取0

根据假说H7.1，相较于那些潜在披露问题较小并且没有被监管问询的公司，那些存在潜在披露问题却没有被监管问询的公司，其未来会计信息质量更低，表现为更为激进的盈余管理行为，并且上述现象在产业政策支持和未出现官员落马组更为显著。因此，预期模型7.1中MM的回归系数显著为正，并且上述现象在产业政策支持和未出现官员落马组更为显著。

根据假说 H7.2，相较于那些潜在披露问题较小并且没有被监管问询的公司，那些存在潜在披露问题却没有被监管问询的公司，其未来投资决策越不科学，表现为投资灵活性显著下降，并且上述现象在产业政策支持和未出现官员落马组更为显著。因此，预期模型 7.2 中交互项 MM * tobinq 的回归系数显著为负，并且上述现象在产业政策支持和未出现官员落马组更为显著。

二、主要变量的样本描述

（一）主要变量的描述性统计

表 7.2 报告了本章回归变量的描述性统计，用于假说 H7.1 和 H7.2 的样本观测值分别为 5972 和 5971 个。由于样本数量和变量不尽相同（尽管两者样本总量接近），本章对其分开列示。

Panel A 中，被解释变量 fda（修正 Jones 模型残差绝对值）均值为 0.054，标准差为 0.056，从分位数和极值来看，样本公司盈余管理程度存在系统性差异。MM 为按照模型 H7.1 测度的残差从小到大按中位数每年等分两组——错配程度高组和错配程度低组。由于本书剔除了被问询样本公司，所以样本更多地集中于错配程度高组，其均值为 62.6%，而非 50%。公司治理变量中，约有 24.3% 样本公司董事长与总经理两职兼任；董事会平均规模 8.64，最大值为 15，最小值为 5，其中独立董事占比均值为 0.374，中位数为 0.333，这与已有研究保持一致。整体来看，样本公司的财务和治理变量基本符合正态分布特征并在样本期间内呈现一定的差异性。

Panel B 中，被解释变量 finv 均值为 0.062，标准差为 0.078，从分位数和极值来看，样本公司新增投资规模存在系统性差异。类似地，从分位数和极值来看，样本公司所面临的投资机会 tobinq 亦存在显著差异。其他变量的描述性统计与前文基本保持一致，不再赘述。

表 7.2　主要变量的描述性统计

Panel A　**假说 H7.1 回归变量的描述性统计**

variable	*N*	sd	mean	p25	p50	p75	min	max
fda	5972	0.056	0.054	0.0172	0.036	0.070	0.001	0.310
MM	5972	0.493	0.626	0	0	1	0	1
ceodual	5972	0.429	0.243	0	0	0	0	1
boardsize	5972	1.705	8.647	7	9	9	5	15
indepratio	5972	0.052	0.374	0.333	0.357	0.429	0.333	0.571
first	5972	0.148	0.349	0.231	0.329	0.448	0.084	0.748
ic	5972	0.993	6.330	6.434	6.500	6.553	0	6.721
big4	5972	0.239	0.060	0	0	0	0	1
age	5972	0.711	2.274	1.609	2.485	2.944	0.693	3.219
soe	5972	0.491	0.406	0	0	1	0	1

Panel B　**假说 H7.2 回归变量的描述性统计**

variable	*N*	sd	mean	p25	p50	p75	min	max
finv	5971	0.078	0.062	0.015	0.048	0.098	−0.160	0.338
tobinq	5971	2.326	2.694	1.101	2.033	3.504	0.223	13.10
MM	5971	0.485	0.624	0	1	1	0	1
size	5971	1.326	22.11	21.17	21.92	22.86	18.93	26.63
lev	5971	0.543	0.558	0.305	0.486	0.692	0.046	6.596
cr	5971	2.544	2.366	1.123	1.658	2.601	0.187	20.85
cash	5971	0.122	0.176	0.090	0.144	0.226	0.014	0.619
cfo	5971	0.069	0.046	0.008	0.045	0.088	−0.169	0.249

续表

variable	N	sd	mean	p25	p50	p75	min	max
ic	5971	0.986	6.332	6.435	6.500	6.554	0	6.721
age	5971	0.713	2.276	1.609	2.485	2.944	0.693	3.219
soe	5971	0.491	0.408	0	0	1	0	1

（二）单变量测试

表7.3报告了本章主要变量的秩和检验结果。本书根据错配程度对公司盈余管理程度进行分组，结果表明，问询错配程度高组的盈余管理程度均在1%水平上显著高于问询错配程度低组。这为假说H7.1的检验提供了初步的经验证据。

表7.3 主要变量单变量检验结果

组别	样本量	fda			
		均值	中值	T值	Z值
MM = 1	3739	0.057	0.001	-5.06**	-4.71**
MM = 0	2233	0.049	-0.001		
组别	样本	fda2			
		均值	中值	T值	Z值
MM = 1	3739	0.006	-0.060	-4.99***	-4.51***
MM = 0	2233	-0.011	-0.072		

注：*、**、***分别表示在10%、5%、1%的置信水平上显著（双尾检验）。

第四节　实证检验结果

一、问询选择、错配与激进盈余管理

表7.4列示了假说H7.1的实证结果。第（1）列中，MM在1%水平上显著为正，说明问询带来的错配效应表现为更激进的盈余管理水平。进一步地，本章将样本根据产业政策和是否出现官员落马各自分为两组。第（2）列和第（3）列结果表明，上述错配效应仅出现在产业政策支持样本组（1%水平上显著），而在非产业政策支持组并不显著。第（4）列和第（5）列结果表明，上述错配效应仅出现在未出现高级官员落马样本组（1%水平上显著），而在出现高级官员落马组并不显著。上述结论表明，相较于那些潜在披露问题较小并且没有被监管问询的公司，那些存在潜在披露问题却没有被监管问询的公司，其盈余管理激进水平越高，并且上述现象在产业政策支持和未出现官员落马组更为显著。据此，假说H7.1提出的问询选择带来的错配效应得到经验证据的支持。

控制变量方面，与已有研究保持一致，董事会规模越大，内部控制水平越高，聘请高质量审计师均有助于降低公司盈余管理水平。（范经华等，2013；张宏亮和文挺，2016）其他变量虽与预期保持一致，但并不显著。

表 7.4 问询选择、错配与激进盈余管理

	(1)	(2)	(3)	(4)	(5)
		ip_ d1 = 1	ip_ d1 = 0	anticorr1 = 1	anticorr1 = 0
VARIABLES	fda	fda	fda	fda	fda
MM	0. 005***	0. 005**	0. 003	0. 003	0. 006**
	(0. 004)	(0. 018)	(0. 233)	(0. 127)	(0. 048)
ceodual	0. 001	0. 001	0. 000	0. 002	-0. 002
	(0. 743)	(0. 629)	(0. 918)	(0. 379)	(0. 467)
boardsize	-0. 043***	-0. 050***	-0. 033**	-0. 046***	-0. 038**
	(0. 000)	(0. 000)	(0. 034)	(0. 000)	(0. 019)
indepratio	0. 006	0. 008	0. 010	0. 013	-0. 008
	(0. 711)	(0. 728)	(0. 724)	(0. 547)	(0. 773)
first	-0. 003	-0. 009	0. 002	0. 003	-0. 014
	(0. 599)	(0. 186)	(0. 799)	(0. 606)	(0. 111)
ic	-0. 003***	-0. 004***	-0. 001	-0. 002*	-0. 004***
	(0. 009)	(0. 006)	(0. 310)	(0. 058)	(0. 005)
big4	-0. 010***	-0. 004	-0. 016***	-0. 013***	-0. 004
	(0. 000)	(0. 156)	(0. 000)	(0. 000)	(0. 401)
age	0. 008***	0. 004**	0. 012***	0. 009***	0. 005**
	(0. 000)	(0. 030)	(0. 000)	(0. 000)	(0. 028)
soe	-0. 006***	-0. 002	-0. 008***	-0. 007***	-0. 004
	(0. 003)	(0. 425)	(0. 005)	(0. 004)	(0. 247)
Constant	0. 086***	0. 108***	0. 062***	0. 079***	0. 104***
	(0. 000)	(0. 000)	(0. 003)	(0. 000)	(0. 000)
Year	控制	控制	控制	控制	控制

续表

	(1)	(2)	(3)	(4)	(5)
		ip_ d1 =1	*ip_ d1* =0	*anticorr*1 =1	*anticorr*1 =0
VARIABLES	*fda*	*fda*	*fda*	*fda*	*fda*
Industry	控制	控制	控制	控制	控制
Observations	5，972	3，279	2，693	4，082	1，890
R - squared	0.0247	0.0293	0.0237	0.0304	0.0229

注：所有系数估计值都使用异方差调整和公司聚类调整得到的稳健性标准误，并在括号内给出调整后的 *p* 值。*、**、***分别表示在10%、5 %、1 %的置信水平上显著（双尾检验）。

二、监管问询、错配与投资非科学性

表7.5列示了假说 *H*7.2 的实证结果。第（1）列中，*tobinq* 在1%水平上显著为正，说明当公司面临好的投资机会时，会新增更多的投资规模。交乘项 *MM* * *tobinq* 在5%水平上显著为负，说明问询错配确实弱化了投资机会与公司投资规模之间的敏感性。进一步地，本章将样本根据产业政策和是否出现官员落马各自分为两组。第（2）列和第（3）列结果表明，上述错配效应仅出现在产业政策支持样本组（10%水平上显著），而在非产业政策支持组并不显著。第（4）列和第（5）列结果表明，上述错配效应仅出现在未出现高级官员落马样本组（5%水平上显著），而在出现高级官员落马组并不显著。上述结论表明，相较于那些潜在披露问题较小并且没有被监管问询的公司，那些存在潜在披露问题却没有被监管问询的公司，其投资决策科学性（灵活性）更差，表现为投资机会与投资之间的敏感性更低，并且上述现象在产业政策支持和未出现官员落马组更为显

著。据此，假说 H7.2 提出的问询选择带来的错配效应得到经验证据的支持。控制变量与已有研究基本保持一致，不再赘述。

表 7.5　问询选择、错配与投资非科学性

	(1)	(2)	(3)	(4)	(5)
		ip_ d1 =1	ip_ d1 =0	anticorr1 =1	anticorr1 =0
VARIABLES	finv	finv	finv	finv	finv
tobinq	0.004***	0.002	0.006***	0.004***	0.004**
	(0.000)	(0.116)	(0.002)	(0.001)	(0.032)
MM	-0.008**	-0.011**	-0.004	-0.010**	-0.003
	(0.017)	(0.024)	(0.390)	(0.021)	(0.557)
MM * tobinq	-0.002**	-0.003*	-0.001	-0.002	-0.005**
	(0.037)	(0.089)	(0.577)	(0.209)	(0.042)
size	-0.001***	-0.001***	-0.000	-0.001***	-0.001**
	(0.000)	(0.000)	(0.195)	(0.004)	(0.011)
lev	0.008***	0.013***	0.006**	0.009***	0.007*
	(0.001)	(0.002)	(0.040)	(0.007)	(0.064)
cr	-0.000	0.001	-0.002**	-0.001	0.001
	(0.677)	(0.486)	(0.042)	(0.321)	(0.477)
cash	0.054***	0.057***	0.059***	0.056***	0.048**
	(0.000)	(0.000)	(0.000)	(0.000)	(0.011)
cfo	0.000***	0.000***	0.000***	0.000***	0.000***
	(0.000)	(0.000)	(0.001)	(0.000)	(0.000)
ic	0.005***	0.005**	0.006***	0.005***	0.006**
	(0.000)	(0.016)	(0.001)	(0.001)	(0.015)

续表

	(1)	(2)	(3)	(4)	(5)
		ip_ d1 =1	ip_ d1 =0	anticorr1 =1	anticorr1 =0
VARIABLES	finv	finv	finv	finv	finv
age	-0.020***	-0.016***	-0.022***	-0.022***	-0.017***
	(0.000)	(0.000)	(0.000)	(0.000)	(0.000)
soe	-0.019***	-0.025***	-0.016***	-0.015***	-0.026***
	(0.000)	(0.000)	(0.000)	(0.000)	(0.000)
Constant	0.068***	0.075***	0.056***	0.074***	0.058***
	(0.000)	(0.000)	(0.000)	(0.000)	(0.003)
Year	控制	控制	控制	控制	控制
Industry	控制	控制	控制	控制	控制
Observations	5，971	3，241	2，730	4，077	1，894
R - squared	0.1047	0.0999	0.1122	0.1009	0.1193

注：所有系数估计值都使用异方差调整和公司聚类调整得到的稳健性标准误，并在括号内给出调整后的 p 值。*、**、***分别表示在 10%、5%、1%的置信水平上显著（双尾检验）。

第五节　稳健性检验

一、更换盈余质量指标

表7.6 列示了采用经 roa 调整后的 Jones 模型残差绝对值 fda2 替换修正

的 Jones 模型残差绝对值 fab 的回归结果。第（1）列中，MM 在 1% 水平上显著为正，说明问询带来的错配效应表现为更激进的盈余管理水平。进一步地，本章将样本根据产业政策和是否出现官员落马各自分为两组。第（2）列和第（3）列结果表明，上述错配效应仅出现在产业政策支持样本组（5% 水平上显著），而在非产业政策支持组并不显著。第（4）列和第（5）列结果表明，上述错配效应仅出现在未出现高级官员落马样本组（5% 水平上显著），而在出现高级官员落马组并不显著。假说 H7.1 再次得到经验证据的支持。

表 7.6 采用经 roa 调整后的 Jones 模型残差绝对值替换主结果被解释变量

	(1)	(2)	(3)	(4)	(5)
		ip_ *d*1 = 1	ip_ *d*1 = 0	anticorr1 = 1	anticorr1 = 0
VARIABLES	fda2	fda2	fda2	fda2	fda2
MM	0.005***	0.006***	0.002	0.004	0.007**
	(0.005)	(0.008)	(0.531)	(0.107)	(0.035)
ceodual	0.002	0.000	0.004	0.003	-0.001
	(0.255)	(0.832)	(0.110)	(0.103)	(0.644)
boardsize	-0.038***	-0.049***	-0.021	-0.039***	-0.036**
	(0.000)	(0.000)	(0.121)	(0.000)	(0.013)
indepratio	-0.009	-0.012	0.005	0.012	-0.051**
	(0.577)	(0.533)	(0.840)	(0.536)	(0.044)
first	0.000	-0.004	0.006	0.004	-0.007
	(0.959)	(0.535)	(0.392)	(0.522)	(0.349)
ic	-0.003***	-0.004***	-0.002*	-0.002**	-0.004***
	(0.001)	(0.003)	(0.099)	(0.026)	(0.007)

续表

	(1)	(2)	(3)	(4)	(5)
		ip_ *d*1 = 1	ip_ *d*1 = 0	anticorr1 = 1	anticorr1 = 0
VARIABLES	fda2	fda2	fda2	fda2	fda2
big4	-0.009***	-0.003	-0.015***	-0.011***	-0.004
	(0.000)	(0.343)	(0.000)	(0.000)	(0.372)
age	0.005***	0.004**	0.006***	0.006***	0.002
	(0.000)	(0.019)	(0.001)	(0.000)	(0.404)
soe	-0.002	0.001	-0.007**	-0.004*	0.001
	(0.239)	(0.668)	(0.035)	(0.086)	(0.753)
Constant	0.100***	0.116***	0.033	0.086***	0.130***
	(0.000)	(0.000)	(0.108)	(0.000)	(0.000)
Year	控制	控制	控制	控制	控制
Industry	控制	控制	控制	控制	控制
Observations	5,972	3,279	2,693	4,082	1,890
R - squared	0.0228	0.0283	0.0229	0.0281	0.0229

注：所有系数估计值都使用异方差调整和公司聚类调整得到的稳健性标准误，并在括号内给出调整后的 p 值。*、**、***分别表示在 10%、5 %、1 %的置信水平上显著（双尾检验）。

二、更换投资机会指标

tobinq 计算过程中，本书在主结果中并未剔除无形资产和商誉净额，为求得更为实际的重置成本，本部分采用进一步采用剔除无形资产和商誉净额后的总资产作为分母，所得 tobinq2 作为投资机会的替代指标。第（1）列中，tobinq2 在 1% 水平上显著为正，说明当公司面临好的投资机会时，会新增更多的投资规模。交乘项 MM * tobinq2 在 5% 水平上显著为负，说明问询错配确实弱化了投资机会与公司投资规模之间的敏感性。进一步地，本章将样本根据产业政策和是否出现官员落马各自分为两组。第（2）列和第（3）列结果表明，上述错配效应仅出现在产业政策支持样本组（10% 水平上显著），而在非产业政策支持组并不显著。第（4）列和第（5）列结果表明，上述错配效应仅出现在未出现高级官员落马样本组（5% 水平上显著），而在出现高级官员落马组并不显著。据此，假说 H7.2 再次得到经验证据的支持。

表 7.7 采用 tobinq2 作为投资机会的替代指标

	(1)	(2)	(3)	(4)	(5)
		ip_ d1 = 1	ip_ d1 = 0	anticorr1 = 1	anticorr1 = 0
VARIABLES	finv	finv	finv	finv	finv
tobinq2	0.004***	0.002	0.006***	0.004***	0.004**
	(0.000)	(0.116)	(0.002)	(0.001)	(0.032)
MM	-0.008**	-0.011**	-0.004	-0.010**	-0.003
	(0.017)	(0.024)	(0.390)	(0.021)	(0.557)
MM * tobinq2	-0.002**	-0.003*	-0.001	-0.002	-0.005**
	(0.039)	(0.065)	(0.577)	(0.209)	(0.049)
size	-0.001***	-0.001***	-0.000	-0.001***	-0.001**
	(0.000)	(0.000)	(0.195)	(0.004)	(0.011)
lev	0.008***	0.013***	0.006**	0.009***	0.007*
	(0.001)	(0.002)	(0.040)	(0.007)	(0.064)
cr	-0.000	0.001	-0.002**	-0.001	0.001
	(0.677)	(0.486)	(0.042)	(0.321)	(0.477)

续表

	(1)	(2)	(3)	(4)	(5)
		ip_ d1 =1	ip_ d1 =0	anticorr1 =1	anticorr1 =0
VARIABLES	finv	finv	finv	finv	finv
cash	0.054***	0.057***	0.059***	0.056***	0.048**
	(0.000)	(0.000)	(0.000)	(0.000)	(0.011)
cfo	0.000***	0.000***	0.000***	0.000***	0.000***
	(0.000)	(0.000)	(0.001)	(0.000)	(0.000)
ic	0.005***	0.005**	0.006***	0.005***	0.006**
	(0.000)	(0.016)	(0.001)	(0.001)	(0.015)
age	-0.020***	-0.016***	-0.022***	-0.022***	-0.017***
	(0.000)	(0.000)	(0.000)	(0.000)	(0.000)
soe	-0.019***	-0.025***	-0.016***	-0.015***	-0.026***
	(0.000)	(0.000)	(0.000)	(0.000)	(0.000)
Constant	0.068***	0.075***	0.056***	0.074***	0.058***
	(0.000)	(0.000)	(0.000)	(0.000)	(0.003)
Year	控制	控制	控制	控制	控制
Industry	控制	控制	控制	控制	控制
Observations	5,971	3,241	2,730	4,077	1,894
R-squared	0.1047	0.0999	0.1122	0.1009	0.1193

注：所有系数估计值都使用异方差调整和公司聚类调整得到的稳健性标准误，并在括号内给出调整后的p值。*、**、***分别表示在10%、5%、1%的置信水平上显著（双尾检验）。

第六节　本章结论

一、本章结论

如果监管部门实施同一化监管，即在基本面相同的情况下，企业的信息披露违规行为被问询的概率相同，资源会更多地流向信息披露质量更高的企业，进而整体提高全社会资源配置的效率。相反，如果监管部门实施差异化监管，即企业的信息披露违规行为被问询的概率存在系统性差异（主要表现为监管执行不足），这意味着，那些信息披露质量较差的公司其行为得不到及时地披露和纠正，使投资者和其他利益相关者因面临较高的信息不对称和不确定性而蒙受损失。第六章研究发现，相较于那些潜在披露问题较小并且没有被监管问询的公司，那些存在潜在披露问题却没有被监管问询的公司，其两类代理问题（管理层代理问题和大股东代理问题）未来更为严重，并且上述现象在产业政策支持和未出现官员落马组更为显著。从长期来看，年报信息选择性监管导致的错配必然会反映到企业的会计和财务行为当中，进而损害股东和债权人等利益相关者的权益。本章基于激进盈余管理以及非效率投资决策（表现为投资灵活性下降）两个角度考察问询错配带来的经济后果，发现：

（1）相较于那些潜在披露问题较小并且没有被监管问询的公司，那些存在潜在披露问题却没有被监管问询的公司，其未来会计信息质量更低，表现为更为激进的盈余管理行为，并且上述现象在产业政策支持和未出现高级官员落马组更为显著。

（2）相较于那些潜在披露问题较小并且没有被监管问询的公司，那些存在潜在披露问题却没有被监管问询的公司，其未来投资决策越不科学，表现为投资灵活性显著下降，并且上述现象在产业政策支持和未出现高级官员落马组更为显著。

二、研究贡献

（1）创新性借鉴已有审计意见松紧模型（Lennox，2005），合理将未被问询样本分类为应该被问询却没有被问询样本和不该被问询也确实没有被问询样本，进而识别问询错配的经济后果。

（2）本章从企业基本的会计财务行为出发，丰富了选择性监管问询错配经济后果的文献。正如 Leuz and Wysocki（2016）在 Journal of Accounting Research 关于信息披露管制文献回顾中提及，已有多数选择性监管的文献仅关注监管的选择性而忽略由此带来的错配后果，本章从激进盈余管理和投资非科学性角度弥补了上述研究的不足。

（3）呼应第四章选择性问询，形成一以贯之的逻辑。第四章结果表明，产业政策支持行业公司以及注册地未出现高级官员落马的公司更少收到交易所出具的问询函，这意味着，上述错配行为更可能出现在产业政策支持行业公司以及注册地未出现高级官员落马的公司样本中。本章结果支持了上述预期，呼应了第四章年报问询选择性。

（4）本章的研究反向印证了监管公允性的重要性，对于问题严重的公司，因为监管的选择性，使得企业获得保护伞而加剧公司会计财务行为的扭曲，这对于资本市场的长期治理和资源配置造成严重的负面影响。

第八章

总结

第一节　主要研究发现

政府既可以通过财政政策、金融政策、货币政策、产业扶持政策等宏观政策或规划引导市场经济走向，亦可在微观领域通过制定细则、章程等对企业和个人行为进行规范，因而从某种程度上讲，政府管制无处不在。基于缓解和弥补市场失灵目的而催生的政府管制普遍存在于法制化程度较高的国家，新兴经济体与之有所差别的地方在于，转型政府主导和推动的改革以及发展模式使得社会对管制有着更多的需求和倚重。（Chen et al.，2012）不同国家的法制环境存在很大差异，其活动的复杂性和多样性往往使得相同的执法质量难以维系。当法律制度变迁缓慢或制度改变成本过高时，选择性管制可能成为一种次优的选择。

本书以交易所年报问询为背景，借助产权经济学分析工具，以国家产业政策以及反腐败为切入点，考察交易所在年报问询中是否存在选择性监管。进一步地，本书进一步考察在选择性问询背景下市场投资者对不同类型年报问询函的市场反应。最后，本书从当期公司治理缺陷以及期后会计财务行为的角度考察问询错配带来的经济后果。主要研究结论如下。

（1）在控制公司业绩和治理特征的基础上，公司所处行业特征和地区腐败特征显著影响了交易所的问询函发函决策，即受国家产业政策支持的行业公司收到年报问询函的概率更低，而注册地发生高级官员落马的公司则面临更高的年报问询概率。进一步地，同样是收到年报问询函，产业政策支持的行业公司收到年报问询函问题数量更少，而注册地发生高级官员落马的公司被问询的问题更多。这说明，中国考察交易所在年报问询决策中确实存在选择性。

（2）整体上讲，收到问询函的公司在事件日前后的超额累计回报显著为负，沪深交易所年报问询函具有信息含量。进一步地，在选择性监管问询背景下，同样是收到年报问询函，产业政策支持的行业公司以及未出现官员落马地区公司因可能存在更为严重的问题，其市场反应更为负向。说明，在解读不同的年报问询函时，中国投资者消化了监管问询的选择性。

（3）相较于那些潜在披露问题较小并且没有被监管问询的公司，那些存在潜在披露问题却没有被监管问询的公司，其第一类和第二类代理问题未来更为严重，表现为管理层薪酬业绩敏感性更低、大股东掏空公司现象更严重以及内部控制未来更可能存在缺陷，并且上述错配现象主要出现于产业政策支持的行业和未出现高级官员落马的地区。

（4）年报信息选择性监管导致的错配必然会反映到企业的会计和财务行为当中，进而损害股东和债权人等利益相关者的权益。研究发现，相较于那些潜在披露问题较小并且没有被监管问询的公司，那些存在潜在披露问题却没有被监管问询的公司更可能出现激进盈余管理以及非科学性投资等恶性经济后果，并且上述错配现象主要出现于产业政策支持的行业和未出现高级官员落马的地区。

第二节 研究贡献

本书的研究兼具学术贡献与实践价值。学术贡献主要体现在以下五方面。

第一，已有关于选择性管制的研究多停留在揭示选择性执法存在性方面（Chen et al.，2011；Leuz and Wysocki，2016；张春霞等，2013；许年行等，2013；章铁生等，2016；张敏等，2017），对选择性管制带来的经济后果关注不足，本书试图构建一个选择性管制及其错配经济后果研究的一般性框架。正如 Leuz and Wysocki（2016）在 Journal of Accounting Research 关于信息披露管制文献回顾中提及，已有多数选择性监管的文献仅关注执法的选择性而忽略由此带来的错配后果。本书试图构建一个选择性管制及其错配经济后果研究的一般性框架以弥补已有研究的缺陷。

第二，本书借助产权经济学分析工具，在一定程度上打开了交易所年报问询行为决策的黑箱。已有关于年报问询函的文献仅从上市公司业绩和治理特征回答哪些因素会增加企业收到年报问询函的可能性（Ettredge et al.，2011；Cassell et al.，2013），但是在政府力量占重要地位的中国，交易所年报问询函与美国 SEC 意见信在问询选择上可能存在系统性的差异。相比于美国 SEC 规则导向型（Rule Based）监管特征，中国证监会或交易所等部门的监管更可能表现出原则导向型（Principle Based）特征。根据产权经济学的研究范式，交易所在考虑监管问询时，除公司业绩和治理特征外，会结合自身利益融入一些其他考量要素，进而造成选择性问询。因此，本书在一定程度上打开了交易所年报问询行为决策的黑箱。

第三，本书借助年报问询机制这一特殊场景，丰富了选择性监管文献。现有文献表明，监管对象的政治背景和证券市场的发展阶段会影响证监会选择性监管行为。（戴治勇和杨晓维，2006；Chen et al.，2011；Chen et al.，2012）例如，Chen et al.（2011）研究发现，相比于国有企业，民营企业面临更重的处罚；Chen et al.（2012）进一步研究发现，上市公司违规的时期不同会影响监管者的执法力度。本书借助年报问询这一新型机制，深入挖掘选择性监管的制度诱因，补充和丰富了已有选择性监管文献。此外，正如 Leuz and Wysocki（2016）在 Journal of Accounting Research 关于信息披露管制文献回顾中提及，已有多数选择性监管的文献仅关注执法的选择性而忽略由此带来的错配后果，本书的研究弥补了上述研究的不足。

第四，本书丰富和拓展了选择性问询背景下市场投资者对不同类型年报问询函解读能力的文献。给定问询函存在选择性，在解读不同的年报问询函时，中国投资者（尤其是机构投资者）是消化了问询的选择性还是进行了过度反应是一个值得探讨的问题。该问题的探讨有助于更深刻地理解中国市场信息解读能力和市场运行机制。

第五，本书丰富和拓展了交易所作为一线监管部门对中国证券市场监管效果的研究。证券交易所由于其在一国或地区金融体系中的重要作用，历来是经济法、法学等学科讨论的重要对象。然而，已有关于政府监管有效性的研究主要集中于考察证监会（发审委）等中央部门监管效力（Chen et al.，2005；Chen et al.，2011；李敏才和刘峰，2012），仅有的关于沪深交易所治理有效性的研究亦未能得出一致的结论（朱伟骅，2003；陈工孟和高宁，2005；黎文靖，2007）。本书从宏观产业政策和反腐败视角拓展交易所问询考量要素，有助于全面揭示交易所一线（选择性）监管效应的研究。

此外，本书的研究亦具有较强的现实意义。本书提出的证券交易所年报选择性问询的结论，对我国证券交易所不断提升监管效率和效果、助推证券市场稳定以及加强投资者权益保护起到一定的积极作用。同时，已有文献对我国证券交易所年报问询机制缺乏较为系统的研究，本书的研究有助于学术界和实务界更好地认识证券交易所年报问询机制的活动特征。

第三节 研究不足和未来研究方向

本书借助产权经济学这一分析工具（Wong，2016；李增泉，2017），考察中央顶层设计对交易所监管决策的影响，文章以选择性监管贯穿全文，沿着“年报选择性问询—市场信息解读—问询错配经济后果”的逻辑链条展开研究。但由于数据以及研究设计等各方面的问题，本书尚存在以下研究局限，也为未来借助交易所问询机制研究一些更为普适的中国问题提供了方向。

（1）产业政策和反腐败的度量存在偏差。本书通过国家“五年计划”来度量产业政策，将产业政策区分为鼓励与不鼓励两类，但现实经济中的产业政策非常复杂：既有“五年计划”这种总括性质的产业政策，也有针对具体行业的产业政策；既有鼓励性的政策，也有阶段性的限制政策；既有国家层面的产业政策，也有各地方政府的产业政策。囿于数据可得性与时间精力问题，本书仅以权威性最强、作用时段清晰、政策指向明确的“五年计划”来度量产业政策，可能存在一定的度量偏差。同样地，本书仅以各地区是否出现省部级高级官员落马以及落马人数来测度反腐败。因此，本书收集的样本并非全部。但是，由于中国在反腐进程中越来越重视透明性，早期的案件也普遍予以公布，因此本书的副省部级以上贪腐官员样本可以覆盖绝大部分。副省部级以上贪腐官员指的是各个省及其以下党政机关系统中的贪腐官员，而没有包括中央部委、央企系统以及军队系统，因为这些样本无法精确地分配到各个省区。未来研究可以更加系统地梳理各个层面的产业政策以及各个维度的反腐败运动。

（2）寻找更有利的数据支持。本书研究发现，中央顶层设计是影响交易所问询决策的重要因素，此发现与基于效率观、寻租观等的选择性监管相区别。然而，限于数据限制，在实证方面并不能对已有相关观点很好地进行排除。本书实质是对交易所这一主体进行研究，通过问询函监管考察交易所的激励和行动。因此，有必要提供一些现实案例或者访谈资料。未来希望可以借助交易所内部更为深入的数据（甚至落实到监管部门个人层面的数据）以弥补该研究的闭环。

（3）巩固研究结论。在第六章和第七章中，本书首先借鉴 Lennox（2005）审计意见松紧模型，分类出一个公司是否为该被问询而没有被问询公司。事实上，标准执法本身的界定并非易事，尽管如此，本书在未来可以尝试从事后视角来进行验证。具体地，若一个公司 T 期未被监管问询，但在未来对 T 期进行了财务报表重述，本书可以认定这类样本为该被问询而没有被问询样本。然而，由于数据限制（财务重述具有一定的滞后性），这一研究方法可以在未来得到应用。

（4）寻找更细致和更丰富的研究场景。对比中国交易所问询函和美国SEC意见信针对的事项和发出的频率来看，两者几乎都能涵盖上市公司大多数的日常披露和定期报告。但从问询主体来看，美国证券监管当中主要是由证监会来进行信息披露监管，而在A股市场则是由交易所来承担日常的信息批露监管。已有研究表明，问询函和意见信都对市场产生较强的反应，而且是在尚未做出正式调查或者是实质认定的情况下就产生了市场影响，那么对于问询函的使用就是一种非常有效的监管措施，也是我国证券交易所承担一线监管职责的重要佐证。如果再进一步思考，当监管绩效被纳入晋升考核时，沪深交易所竞争更可能带来“朝上的竞争”而不是“朝底的竞争”，因为这些问询函的发出最终是起到质疑造假或者澄清事实的作用，有利于提升上市公司治理和财务水准。因此，未来可以通过沪深交易所之间的竞争、人员晋升等方面的数据，挖掘出中国交易所年报问询机制的独特研究话题。新兴转型国家与之有所不同的是，政府主导的改革发展模式使得社会对管制有着更多的需求和倚重。给定本书发现监管机构会更多的关注那些特定的公司，例如，产业政策不受支持、官员落马等。无论是选择性执法还是公平执法甚至于随机执法，这些关注都会给公司带来高额成本（主要意味着公司引起关注，并要披露更多的信息），那么公司会有哪些应对措施呢？若公司能够在治理结构或信息披露方面有所应对，则就可以用政府监管视角来解释这些治理结构。

（5）关于政府与市场的关系。政府与市场的关系，是任何国家发展现代市场经济都绕不开的根本性问题，也是各国长期以来都在致力于有效破解的世界性难题。政府干预并非一无是处，政府调控可以缓解市场失灵。政府与市场的关系并非单向传导，而是存在复杂的动态互动机制。Miguel et al.（2018）通过对1998—2013年SEC发布的意见信的实证研究表明，SEC监管措施的效果可以通过公开披露监管机构发出意见信这一措施来提高。具体地，披露监管措施可以通过加强市场自身的纪律来提高公共执法的效果，从而为私人和公共执法之间的互补互动提供了证据。欧洲证券和市场管理局（ESMA）在2017年对财务信息执行指引的回顾中引用了这一研究，以鼓励执法活动与市场之间的沟通。那么，在整个问询函过程中，到底是先有市场关注（例如，媒体、分析师、做空机构等）引起监管注意而出具问询函还是监管方出具问询函引发了市场的关注和学习？类似地，监管部门是否比其他投资者对公司更了解，还是监管部门为了降低自己的监管责任而选择了那些未来最有可能被投资者诟病的公司？年报问询机制的出现为厘清政府与市场的关系提供了重要的制度场景。

（6）关于监管员的监管过程及其经济后果。在监管资源有限和时间紧迫的情况下（在美国这个问题更明显），如何将更多的监管资源投向潜在问题更多的公司，对完善监管体系、提高监管效率具有重要的现实意义。在当前分包制度下，监管员如何获取被监管公司相关信息？在这些信息中公开信息和私有信息分别扮演着什么样的角色？是否监管质量更高的监管员得到了更好的晋升或者奖励？这些问题的回答，不仅真正意义上打开了问询函黑箱，也有助于理解中国证券市场稳步推进的微观逻辑。

（7）与问询函相关的其他研究。根据Bushman and Smith（2001）对会计信息功能的分类，会计信息具有契约功能和估值功能。本书后续将主要关注交易所监管问询函的公司治理功能（契约功能）和信息传递功能（估值功能)。具体地，在契约功能方面，我们将从监管问询函和年报问询函两个角度，考察监管问询对公司并购行为、大股东掏空行为、审计师行为、独立董事行为等的影响。考虑到我们所获取的未披露阶段问询函数据，我们将进一步分离出大股东、审计师以及独立董事行为背后的监管力和市场力，因而丰富转型中国大股东、审计师以及独立董事行为影响因素的相关研究。在估值功能方面，我们将从年报问询函视角考察监管问询函对证券分析师预测质量、债权人定价、投资者定价及信息收集等外部利益主体行为的影响。考虑到我们所获取的未披露阶段问询函数据，我们将进一步探讨这些信息披露的重要性。上述问题的讨论将与本书的研究相互补充，限于篇幅，相关论文英文摘要详见附录 D。可以说，在国外存在大量关于美国 SEC 问询函的情况下，利用中国独特的制度背景，探索中国交易所问询函的本土研究不仅具有重要的现实意义，对其他国家同样存在借鉴价值。

参考文献

[1] 曹春方，陈露兰，张婷婷．“法律的名义”：司法独立性提升与公司违规［J］．金融研究，2017（5）：191-206.

[2] 陈冬华，章铁生，李翔．法律环境、政府管制与隐性契约［J］．经济研究，2008（3）：60-72.

[3] 陈冬华，李真，新夫．产业政策与公司融资——来自中国的经验证据［A］．中国会计与财务研究国际研讨会论文集［C］．2010.

[4] 陈工孟，高宁．我国证券监管有效性的实证研究［J］．管理世界，2005（7）：40-47.

[5] 陈胜蓝，卢锐．股权分置改革、盈余管理与高管薪酬业绩敏感性［J］．金融研究，2012（10）：180-192.

[6] 陈胜蓝，卢锐．卖空压力与控股股东私利侵占——来自卖空管制放松的准自然实验证据［J］．管理科学学报，2018（4）：67-85.

[7] 陈信元，陈冬华，万华林，梁上坤．地区差异、薪酬管制与高管腐败［J］．管理世界，2009（11）：130-143.

[8] 陈信元，靳庆鲁，肖土盛，张国昌．行业竞争、管理层投资决策与公司增长/清算期权价值［J］．经济学（季刊），2013（4）：305-332.

[9] 陈彦斌，陈小亮，陈伟泽．利率管制与总需求结构失衡［J］．

经济研究，2014（2）：18－31.

［10］陈运森，宋顺林．美名胜过大财：承销商声誉受损冲击的经济后果［J］．经济学（季刊），2018（1）：431－448.

［11］陈运森，邓祎璐，李哲．非处罚性监管具有信息含量吗？——基于问询函的证据［J］．金融研究，2018a（4）：155－171.

［12］陈运森，邓祎璐，李哲．非处罚性监管能改进审计质量吗？——基于财务报告问询函的证据［J］．审计研究，2018b（5）：82－88.

［13］戴治勇，杨晓维．间接执法成本、间接损害与选择性执法［J］．经济研究，2006（9）：94－102.

［14］董君．证券交易所公开谴责制度有效性的实证研究［J］．世界经济情况，2004（15）：8－11.

［15］窦欢，陆正飞．大股东代理问题与上市公司的盈余持续性［J］．会计研究，2017（5）：24－31.

［16］窦炜，刘星，安灵．股权集中、控制权配置与公司非效率投资行为——兼论大股东的监督抑或合谋？［J］．管理科学学报，2011（11）：81－96.

［17］范经华，张雅曼，刘启亮．内部控制、审计师行业专长、应计与真实盈余管理［J］．会计研究，2013（4）：81－88.

［18］冯发贵，李隋．产业政策实施过程中财政补贴与税收优惠的作用与效果［J］．税务研究，2017（5）：51－58.

［19］高佳楠．我国证券交易所自律性信息披露监管有效性研究——以收到年报问询函企业为经验证据［D］．北京交通大学，2017.

[20] 高雷，何少华，黄志忠．公司治理与掏空 [J]．经济学（季刊），2006（7）：1157－1178.

[21] 高雷，张杰．公司治理、资金占用与盈余管理 [J]．金融研究，2009（5）：121－140.

[22] 官峰，王俊杰，章贵桥．政商关系、分析师预测与股价同步性——基于腐败官员落马的准自然实验 [J]．财经研究，2018（6）：114－125.

[23] 何进日，武丽．信息披露制度变迁与欺诈管制 [J]．会计研究，2006（10）：18－22.

[24] 侯青川，靳庆鲁，苏玲，于潇潇．放松卖空管制与大股东“掏空”[J]．经济学（季刊），2017（4）：1143－1172.

[25] 胡宁．家族企业创一代离任过程中利他主义行为研究——基于差序格局理论视角 [J]．南开管理评论，2016（6）：168－176.

[26] 江飞涛，李晓萍．直接干预市场与限制竞争：中国产业政策的取向与根本缺陷 [J]．中国工业经济，2010（9）：26－36.

[27] 姜付秀，朱冰，唐凝．CEO 和 CFO 任期交错是否可以降低盈余管理？[J]．管理世界，2013（1）：158－167.

[28] 李云鹤．公司过度投资源于管理者代理还是过度自信 [J]．世界经济，2014（12）：95－117.

[29] 李增泉．关系型交易的会计治理——关于中国会计研究国际化的范式探析 [J]．财经研究，2017，43（2）：4－33.

[30] 黎文靖．会计信息披露政府监管的经济后果——来自中国证券市场的经验证据 [J]．会计研究，2007（8）：13－21.

[31] 刘少波，马超．经理人异质性与大股东掏空抑制 [J]．经济研

究，2016，51（4）：129－145.

［32］刘小鲁，李泓霖．产品质量监管中的所有制偏倚［J］．经济研究，2015（7）：146－159.

［33］刘运国，刘梦宁．雾霾影响了重污染企业的盈余管理吗？——基于政治成本假说的考察［J］．会计研究，2015（3）：26－33.

［34］卢闯，李小燕，孙健．盈余质量对控股股东掏空的影响［J］．中国软科学，2010（2）：116－121.

［35］陆正飞，祝继高，樊铮．银根紧缩、信贷歧视与民营上市公司投资者利益损失［J］．金融研究，2009（7）：124－136.

［36］陆正飞，韩非池．宏观经济政策如何影响公司现金持有的经济效应？——基于产品市场和资本市场两重角度的研究［J］．管理世界，2013（6）：43－60.

［37］罗进辉．媒体报道的公司治理作用——双重代理成本视角［J］．金融研究，2012（10）：153－166.

［38］茅铭晨．政府管制理论研究综述［J］．管理世界，2007（2）：137－150.

［39］毛志荣．信息披露违规处罚实际效果研究（C）．载于张育军主编《深圳证券交易所综合研究所研究报告》（研究报告集）．北京：经济科学出版社，2002：327－373.

［40］默顿·米勒．金融革新和市场不稳定性［M］．台湾五南图书出版公司，1994：26.

［41］冉茂盛，钟海燕，文守逊，邓流生．大股东控制影响上市公司投资效率的路径研究［J］．中国管理科学，2010（8）：165－172.

[42] 邵敏，包群．地方政府补贴企业行为分析：扶持强者还是保护弱者？[J]．世界经济文汇，2011（2）：56－72.

[43] 宋黎，彭家生．上市公司会计信息披露违规的监管有效性［J］．现代商业，2010（5）：33－35.

[44] 孙芳城，梅波，杨兴龙．内部控制、会计信息质量与反倾销应对［J］．会计研究，2011（9）：47－54.

[45] 谭劲松，宋顺林，吴立．公司透明度的决定因素——基于代理理论和信号理论的经验研究［J］．会计研究，2010（4）：26－33.

[46] 谭兴民，宋增基，蒲勇健．公司治理影响信息披露了吗？——对中英资本市场的实证比较研究［J］．金融研究，2009（8）：171－181.

[47] 唐松，温德尔，孙铮．“原罪”嫌疑与民营企业会计信息质量［J］．管理世界，2017（8）：106－122.

[48] 佟岩，程小可．关联交易利益流向与中国上市公司盈余质量［J］．管理世界，2007（11）：127－138.

[49] 王化成，孙健，邓路，卢闯．控制权转移中投资者过度乐观了吗？[J]．管理世界，2010（2）：38－45.

[50] 王惠芳．上市公司年报信息再分类与披露管制新思路［J］．会计研究，2009（9）：36－41.

[51] 王文甫，明娟，岳超云．企业规模、地方政府干预与产能过剩［J］．管理世界，2014（10）：17－36.

[52] 王贤彬，黄亮雄，董一军．反腐败的投资效应——基于地区与企业双重维度的实证分析［J］．金融研究，2017（9）：67－82.

[53] 王小鲁，樊纲，余静文．中国分省份市场化指数报告［M］．北

京：社会科学文献出版社，2017.

[54] 王雄元．上市公司信息披露策略研究 [M]．北京：中国财政经济出版社，2008：31－35.

[55] 伍利娜，高强．处罚公告的市场反应研究 [J]．经济科学，2002 (6)：62－73.

[56] 吴溪．盈利指标监管与制度化的影响：以中国证券市场 ST 公司申请摘帽制度为例 [J]．中国会计与财务研究，2006 (4)：95－115.

[57] 吴溪，张俊生．上市公司立案公告的市场反应及其含义 [J]．会计研究，2014 (4)：10－18.

[58] 谢盛纹．最终控制人性质、审计行业专业性与控股股东代理成本——来自我国上市公司的经验证据 [J]．审计研究，2011 (5)：64－73.

[59] 许年行，江轩宇，伊志宏，袁清波．政治关联影响投资者法律保护的执法效率吗? [J]．经济学 (季刊)，2013 (1)：373－406.

[60] 徐春艳．证券市场环境、政治关系与保荐人信用监管的选择性执行 [D]．安徽工业大学，2016.

[61] 宣扬．产业政策与公司投资——政府管制与企业逐利的博弈 [D]．上海财经大学，2016.

[62] 胥朝阳，刘睿智．提高会计信息可比性能抑制盈余管理吗? [J]．会计研究，2014 (7)：50－57.

[63] 杨晓维，赵娟．国有上市公司违规行为监管的执法选择性分析 [J]．制度经济学研究，2009 (5)：26－44.

[64] 叶青，李增泉，李光青．富豪榜会影响企业会计信息质量吗? ——基于政治成本视角的考察 [J]．管理世界，2012 (1)：104－120.

[65] 章铁生，林钟高，徐德信，郑军．证券监管的选择性执行：以IPO核准为例 [J]．会计与经济研究，2016 (5)：80-98.

[66] 张宏亮，文挺．审计质量替代指标有效性检验与筛选 [J]．审计研究，2016 (7)：67-75.

[67] 张敏，刘耀淞，漏世达．监管存在"扶贫效应"吗？——基于我国上市公司处罚事件的研究 [A]．首届"政府与会计"学术论坛论文集 [C]．2017.

[68] 张育军．中国证券市场监管能力和监管效率分析 [J]．证券市场导报，2003 (7)：4-14.

[69] 赵子夜．监管保护下的审计业务量效应 [J]．中国会计与财务研究，2009，55 (3)：60-75.

[70] 郑国坚．基于效率观和掏空观的关联交易与盈余质量关系研究 [J]．会计研究，2009 (10)：68-76.

[71] 祝继高，陆峣，岳衡．银行关联董事能有效发挥监督职能吗？——基于产业政策的分析视角 [J]．管理世界，2015 (7)：143-157.

[72] 朱伟骅．上市公司信息披露违规"公开谴责"效果的实证研究 [J]．经济管理，2003 (16)：92-96.

[73] Aghion, P., Reenan, J. V., and L. Zingales. Innovation and Institutional Investors [M]. Working Paper, 2008.

[74] Akdoğu E., and MacKay P. 2008, Investment and Competition, Journal of Financial and Quantitative Analysis, 43 (2): 299-330.

[75] Anderson, D. M.. Taking Stock in China: Company Disclosure and Information in China' s Stock Markets [J]. Georgetown Law Journal, 2000

(6): 1919 - 1952.

[76] Armstrong, C. S., W. R. Guay, and J. P. Weber. The role of information and financial reporting in corporate governance and debt contracting [J]. Journal of Accounting and Economics, 2010, 50 (2 - 3): 179 - 234.

[77] Ashbaugh - Skaife, H., D. W. Collins, and Jr. W. R. Kinney. The Discovery and Reporting of Internal Control Deficiencies Prior to SOX - mandated Audits [J]. Journal of Accounting and Economics, 2007, 44 (1): 166 - 192.

[78] Bailey, W., H. Li, C. X. Mao, and R. Zhong. Regulation Fair Disclosure and Earnings Information: Market [J]. Analyst and Corporate Responses, Journal of Finance, 2003, 58 (6): 2487 - 2513.

[79] Ball R., and P. Brown. An Empirical Evaluation of Accounting Income Numbers An Empirical Evaluation of Accounting Income Numbers, Journal of Accounting Research, 1968 (2): 159 - 178.

[80] Baker M. J., and S. J. Wurgler. When does the market matter? Stock prices and the investment of equity - dependent firms [J] The Quarterly Journal of Economics, 2003, 118 (3): 969 - 1006.

[81] Beatty, A., S. Liao, and J. Weber. The Role of Accounting Quality in Reducing Investment Inefficiency in the Presence of Private Information and Direct Monitoring [J]. The Accounting Review, 2010 (85): 1215 - 1238.

[82] Becker, Gary S., and G. Stigler. Law Enforcement, Malfeasance, and Compensation of Enforcers [J]. The Journal of Legal Studies, 1974, 3 (1): 1 - 18.

[83] Bens, D. A., M. Cheng, and M. Neamtiu. The Impact of SEC Dis-

closure Monitoring on the Uncertainty of Fair Value Estimates [J] Accounting Review, 2016, 91 (2): 349 -375.

[84] Bernard V. L. , and J. K. Thomas. Post - Earnings - Announcement Drift: Delayed Price Response or Risk Premium? [J] Journal of Accounting Research, 1989, 27 (27): 1 -36.

[85] Biddle, G. , G. Hillary, and R. Verdi. How Does Financial Reporting Quality Relate to Investment Efficiency? [J] Journal of Accounting and Economics , 2009, 48 (2 -3): 112 -131.

[86] Bollard, A. , P. J. Klenow, and G. Sharma. India's Mysterious Manufacturing Miracle [J] . Review of Economic Dynamics, 2013, 16 (1): 59 -85.

[87] Bonaime, A. A.. Mandatory Disclosure and Firm Behavior: Evidence from Share Repurchases [J] . Accounting Review, 2015, 90 (4): 1333 -1362.

[88] Bozanic, Z. , Dietrich, J. R. , and B. A. Johnson. SEC Comment Letters and Firm Disclosure [J], Journal of Accounting and Public Policy, 2017, 36 (5): 337 -357.

[89] Brandt L. , T. Tombe, and X. Zhu. Factor Market Distortions Across Time, Space and Sectors in China [J] Review of Economic Dynamics, 2013 (1) 39 -58.

[90] Brown S. J. , and J. B. Warner. Using Daily Stock Returns: The Case of Event Studies. [J] Journal of Financial Economics, 1985, 14 (1): 3 -31.

[91] Brown S. V. , X. Tian and J. Wu. The Spillover Effect of SEC Com-

ment Letters on Qualitative Corporate Disclosure: Evidence from the Risk Factor Disclosure [J] . Contemporary Accounting Research, forthcoming.

[92] Bushman R. M. , and A. J. Smith. Financial Accounting Information and Corporate Governance [J] . Journal of Accounting and Economics, 2001, 32 (1): 237 –333.

[93] Cadman B. , M. Ellen C. , and Stephen H. . The Incentives of Compensation Consultants and CEO Pay [J] . Journal of Accounting and Economics, 2010 (3): 263 –280.

[94] Cassell, C. A. , L. M. Dreher, and L. A. Myers. Reviewing the SEC's Reviewing Process: 10 –K Comment Letters and the Cost of Remediation [J] . The Accounting Review, 2013, 88 (6): 1875 –1908.

[95] Cassell, Cory A. and L. M. Cunningham, and L. Lei. The Readability of Company Responses to SEC Comment Letters and SEC 10 –K Filing Review Outcomes [EB/OL] . Available at SSRN: https: //ssrn. com/abstract = 2595661.

[96] Chan, K. , B. Farrell, and P. Lee. Earnings Management of Firms Reporting Material Internal Control Weaknesses Under Section 404 of the Sarbanes –Oxley Act [J]. Auditing: A Journal of Practice and Theory, 2008, 27 (2) : 161 –179.

[97] Chaney Paul K. , M. Faccio, and D. Parsley. The Quality of Accounting Information in Politically Connected Firms [J] . Journal of Accounting and Economics, 2011, 51: 58 –76.

[98] Chen, K. C. W. , and Yuan, H. Earnings Management and Capital

Resource Allocation: Evidence from China's Accounting – Based Regulation of Rights Issues [J]. Accounting Review, 2004, 79 (3): 645 –665.

[99] Chen C. J. P., Y. Ding, and C. Kim. High – level Plitically Connected Firms, Corruption, and Analyst Forecast Accuracy Around the World [J]. Journal of International Business Studies, 2010, 41 (9): 1505—1524.

[100] Chen, R., and Johnston, R.. Securities and Exchange Commission Comment Letters: Enforcing Accounting Quality and Disclosure [M]. Working Paper, Ohio State University, 2008.

[101] Chen, D., Jiang, D., Liang, S., and Wang, F.. Selective Enforcement of Regulation [J]. China Journal of Accounting Research, 2011, 4 (1): 9 –27.

[102] Chen, D., D. Jiang, and S. Liang. Regulator Change and Enforcement Severity [J]. China Accounting and Finance Review, 2012, 14 (2): 131 –159. 该文对应中文稿题目为《监管者变更与执法精度》, 入选2010中国会计与财务研究国际研讨会论文集。

[103] Chen, F., O. Hope, Q. Li, and X. Wang. Financial Reporting Quality and Investment Efficiency of Private Firms in Emerging Markets [J]. The Accounting Review2011 (86): 1255 –1288.

[104] Chen G., M. Firth, D. N. Gao, and O. M. Rui. Is China's Securities Regulatory Agency A Toothless Tiger? Evidence from Enforcement Actions [J]. Journal of Accounting and Public Policy, 2005, 24 (6): 451 –488.

[105] Cheung S.. S.., A Theory of Price Control [J] The Journal of law

and Economics, 1974, 7 (1): 53 -71.

[106] Coase R. H.. The Problem of Social Cost [J] . Journal of Law and Economics, 1960, 56 (4): 1 -44.

[107] Coates, J. C.. Cost - Benefit Analysis of Financial Regulation: Case Studies and Implications. Yale Law Journal, 2014, 124: 882—1345.

[108] Coffee J. C. J. R.. Market Failure and the Ecomnomic Case for a Mandatory Disclosure System [J] . Virginia Law Review, 1984, 70 (4): 717 -753.

[109] Cohen, D. A., A. L. Dey, and Z. Thomas. Real and Accrual - Based Earnings Management in the Pre - and Post - Sarbanes - Oxley Periods [J] . The Accounting Review, 2008 (3): 757 -787.

[110] Cunningham, L. M., B. A. Johnson, E S. Johnson, and L. Lei. 2016, The Switch Up: An Examination of Changes in Earnings Management after Receiving SEC Comment Letters Available at SSRN: DOI: 10.2139/ssrn. 2760638.

[111] Cunningham, L. M., R. Schmardebeck, and W. Wei. 2017, SEC Comment Letters and Bank Lending Available at SSRN: DOI: 10.2139/ss-rn. 2727860.

[112] Dyck A., N. Volchkova, and L. Zingales. the Corporate Governance Role of the Media: Evidence from Russia [J] . Journal of Finance, 2008, 63 (3), 1039 -1135.

[113] Dechow, P. M., R. G. Sloan, and A. P. Sweeney. Detecting Earnings Management [J] . The Accounting Review, 1995, 70 (2), 193 -225.

[114] Dechow, P. M., R. G. Sloan, and A. P. Sweeney. Causes and Consequences of Earnings Manipulation: An Analysis of Firms Subject to Enforcement Actions by the SEC [J]. Contemporary Accounting Research, 1996, 13 (1): 1-36.

[115] Doyle, J., W. Ge, and S. Mc Vay. Accruals Quality and Internal Control over Financial Reporting [J]. The Accounting Review, 2007, 82 (5): 1141-1170.

[116] Dutta I., S. Dutta, and B. Raahemi. Detecting financial restatements using data mining techniques [J]. Expert Systems with Applications, 2017, 90: 374-393.

[117] Duflo E., M. Greenstone, R. Pande, and N. Ryan. The Value of Regulatory Discretion: Estimates From Environmental Inspections in India [J]. Econometrica, 2018, 86 (6): 2123-2160.

[118] Ettredge, M., Johnstone, K., Stone M., and Q. Wang. The Effects of Firm Size, Corporate Governance Quality, and Bad News on Disclosure Compliance [J]. Review of Accounting Studies, 2011, 16 (4): 866-889.

[119] Fama, E.. Efficient Capital Markets: A Review of Theory and Empirical Work [J]. Journal of Finance, 1970, 25 (2): 383-417.

[120] Fama, E., and M. C. Jensen. Separation of Ownership and Control [J]. the Journal of Law and Economics, 1983, 26 (2): 301-325.

[121] Firth M., P. M. Fung, and O. M. Rui. Corporate performance and CEO Compensation in China [J]. Journal of Corporate Finance, 2006, 12 (4): 693-714.

[122] Francis, J. R. , S. Huang, I. K. Khurana, and R. Pereira. Does Corporate Transparency Contribute to Efficient Resource Allocation? [J] . Journal of Accounting Research , 2009, 47 (4): 943 -989.

[123] Faccio M. , L. H. P. Lang, and L. Young. Dividends and Expropriation [J] . , The American Economic Review, 2001, 91 (1): 54 -78.

[124] Gao, L. , J. Lawrence, and D. Smith. SEC Comment Letters and Financial Statement Restatements [M] . Working Paper, University of Nebraska at Lincoln, 2010.

[125] Gietzmann, M. B. , and H. Isidro. Institutional Investors' Reaction to SEC Concerns about IFRS and US GAAP Reporting [J] . Journal of Business Finance & Accounting, 2013, 40 (7 -8): 796 -841.

[126] Gietzmann M. B. , and A. K. Pettinicchio. External Auditor Reassessment of Client Business Risk Following the Issuance of a Comment Letter by the SEC [J] . European Accounting Review, 2014, 23 (1): 57 -85.

[127] Gintschel A. , and S. Markov. The Effectiveness of Regulation FD [J] Journal of Accounting and Economics, 2004, 37 (3): 293 -314.

[128] Glaeser, E. L. , and A. Shleifer. A Reason for Quantity Regulation [J] . The American Economic Review 2001, 91 (2): 431 -435.

[129] Gong N. . Effectiveness and Market Reaction to the Stock Exchange's Inquiry in Australia, Journal of Business Finance and Accounting, 2007 (7 -8): 1141 -1168.

[130] Haw I. M. , D. Qi, D. Wu, and W. Wu. Market Consequences of Earnings Management in Response to Security Regulations in China [J] . Con-

temporary Accounting Research, 2005, 22 (1): 95 -144.

[131] Hermalin, B., and M. Weisbach. Information Disclosure and Corporate Governance [J]. Journal of Finance, 2012 (6) 67: 195 -233.

[132] Hu N., H. Wang, A. Yoon, and X. Zhao. Government Supervision and Tunneling ——Evidence from Chinese Inquiry Letters [M]. Working Paper, 2018.

[133] Hughes, P. J.. Signaling by Direct Disclosure Under Asymmetric Information [J]. Journal of Accounting and Economics, 1986, 8 (2): 119 -142.

[134] Horton J., G. Serafeim, and I. Serafeim. Does Mandatory IFRS Adoption Improve the Information Environment? [J]. Contemporary Accounting Research, 2013, 30 (1): 388 -423.

[135] Jiang, D., Liang, S., and D. Chen. Government Regulation, Enforcement and Economic Consequences in Transition Economy: Empirical evidences from Chinese Listed Companies Conducting Split Share Structure Reform [J]. China Journal of Accounting Research, 2009, 2 (1): 71 -99.

[136] Jensen M. C., and W. H. Meckling. Theory of the Firm: Managerial Behavior, Agency Costs and Ownership Structure [J]. Journal of Financial Economics, 1976, 3 (4): 305 -360.

[137] Johnston R., and R. Petacchi. Regulatory Oversight of Financial Reporting: Securities and Exchange Commission Comment Letters [J]. Contemporary Accounting Research, 2017, 34 (2): 1128 -1155.

[138] Jung, B., W. J. Lee, and D. P. Weber. Financial Reporting Quality and Labor Investment Efficiency [J]. Contemporary Accounting Re-

search, 2014, 31 (4): 1047 – 1076.

[139] Knechel, R. W. , A. Vanstraelen, and M. Zerni. Does the Identity of Engagement Partners Matter? An Analysis of Audit Partner Reporting Decisions [J] . Contemporary Accounting Research, 2015, 32 (4): 1443 – 1478.

[140] Krueger, A. O. . The Political Economy of the Rent – seeking Society [J] . American Economic Review, 1974, 64 (3): 291 – 303.

[141] Kubick, T. R. , D. P. Lynch, M. A. Michael, and T. C. Omer. The Effects of Regulatory Scrutiny on Tax Avoidance: An Examination of SEC Comment Letters [J] . Accounting Review, 2016, 6: 1751 – 1780.

[142] La Porta R. , Florencio L. , A. Shleifer, and R. W. Vishny. Agency Problems and Dividend Policies around the World [J], Journal of Finance, 2000 (1): 1 – 34.

[143] La Porta R. , Florencio L. , A. Shleifer, and R. W. Vishny. Investor Protection and Corporate Valuation [J] . Journal of Finance, 2002, 3: 1147 – 1170.

[144] Lennox C. . Audit Quality and Executive Officers' affiliations with CPA Firms [J] . Journal of Accounting and Economics, 2005, 39 (2): 201 – 231.

[145] Leuz, C. , and P. D. Wysocki. The Economics of Disclosure and Financial Reporting Regulation: Evidence and Suggestions for Future Research [J] Journal of Accounting Research, 2016, 54 (2): 525 – 622.

[146] Li B. , and Z. Liu. The Oversight Role of Regulators: Evidence from SEC Comment Letters in the IPO Process [J] . Review of Accounting Stud-

ies, 2017, 22 (3): 1229 - 1260.

[147] Lennox C.. Audit Quality and Executive Officers Affiliations with CPA firms [J] Journal of Accounting and Economics, 2005, 39 (2): 201 - 231.

[148] MacNeil I.. Adaptation and Convergence in Corporate Governance——the Case of Chinese Listed Companies [J]. Journal of Corporate Law Studies, 2002 (2): 289 - 344.

[149] Mclean R. D., T. Zhang, and M. Zhao. Why Does the Law Matter? Investor Protection and Its Effects on Investment, Finance, and Growth [J] The Journal of Finance, 2012, 67 (1): 313 - 350.

[150] Miguel D., J. Heese, and O. Gaizka. 2018, The Effect of Enforcement Transparency: Evidence from SEC Comment - Letter Reviews, Working paper, Available at SSRN: https://ssrn.com/abstract = 3178609 or http://dx.doi.org/10.2139/ssrn.3178609.

[151] Murphy, K. J.. Executive Compensation [J]. Handbook of Labor Economics, 1996 (36): 2485 - 2563.

[152] Peltzman S. 1999. Toward a More General Theory of Regulation [J]. The Journal of Law and Economics, 1976, 2: 211 - 240.

[153] Petersen M. A. Estimating Standard Errors in Finance Panel Data Sets: Comparing Approaches [J] Review of Financial Studies, 2009, 22 (1): 435 - 480.

[154] Pistor, K., and C. Xu. Law Enforcement under Incomplete Law: Theory and Evidence from Financial Market Regulation [M]. Working Paper,

Columbia Law Schooe.

[155] Posner, R., and E. Weyl. Benefit – Cost Analysis for Financial Regulation [J], American Economic Review, 2013, 103: 393 – 397.

[156] Polinsky, A. M., and S. Steven. The Economic Theory of Public Enforcement of Law [J]. Journal of Economic Literature, 2000 (1): 45 – 76.

[157] Robinson J. R., Y. Xue, and Y. Yu. Determinants of Disclosure Noncompliance and the Effect of the SEC Review: Evidence from the 2006 Mandated Compensation Disclosure Regulations [J]. The Accounting Review, 2011, 86 (4): 1415 – 1444.

[158] Schipper K.. How Can We Measure the Costs and Benefits of Changes in Financial Reporting Standards? [J]. Accounting and Business Research, 2010 (40): 309 – 327.

[159] Seligman, J. The Historical Need for a Mandatory Corporate Disclosure [J]. Journal of Corporation Law, 1983 (1).

[160] Shleifer, A., and R. W. Vishny. Management Entrenchment: The Case of Manager – Specific Investments [J]. Journal of Financial Economics, 1989, 25 (1): 123 – 139.

[161] Shleifer, A.. Understanding Regulation [J]. European Financial Management, 2005, 11 (4): 439 – 451.

[162] Stigler, G. J. 2005, The Theory of Economic Regulation [J]. The Bell Journal of Economics and Management Science, 1971 (1): 3 – 21.

[163] Stone A.. Regulation and Its Alternatives. [J]. Washington DC:

Congressional Quarterly, Inc. Stone Regulation and Its Alternatives, 1982: 9 - 11.

[164] Titman S. , and B. Trueman. Information Quality and the Valuation of New Issues [J] . Journal of Accounting and Economics, 1986, 8 (2): 159 - 172.

[165] VladimirA. A. , B. S. Black, and C. S. Ciccotello. Unbundling and Measuring Tunneling [J] . University of Illinois Law Review, 2014, (5): 1697 - 1738.

[166] Wang, Q. . Determinants of Segment Disclosure Deficiencies and the Effect of the SEC Comment Letter Process [J] . Journal of Accounting and Public Policy, 2016, 35 (2): 109 - 133.

[167] White H. A. . Heteroskedasticity - consistent Covariance Matrix Estimator and a Direct Test for Heteroskedasticity [J] . Journal of the Econometric Society 1980: 817 - 838.

[168] Wong T. J. . Corporate Governance Research on Listed Firms in China: Institutions, Governance and Accountability [J] . Foundations and Trends in Accounting, 2016, 9 (4): 259 - 326.

[169] Zingales, L. . The Future of Securities Regulation [J] . Journal of Accounting Research , 2009, 47 (2): 391 - 426.

附　录

附录 A　交易所问询函关键词总结

编号	具体类别	关键词
1	资产类	应收；存货；货币资金；递延所得税资产；投资性房地产；固定资产；在建工程；无形资产；预付；流动资产；金融资产；长期股权投资；生物性资产
2	负债类	应付；预收；递延所得税负债；短期借款；长期借款；其他应付款；应付银行承兑汇票；金融负债；应付职工薪酬
3	收入类	主营业务收入；其他业务收入；营业外收入；债务重组；政府补；投资收益；租赁；订单；拆迁补偿
4	成本类	成本；营业外支出；销售费用；管理费用；财务费用；利息；研发；广告；运输费用；所得税费用；水电费；三包损失；安全生产费；售后维护费；长期待摊费用；原材料采购；差旅费
5	备抵科目类	坏账准备；跌价准备；减值准备；未确认融资费用；商誉减值

续表

编号	具体类别	关键词
6	或有事项类	诉讼；仲裁；或有负债；违约；冻结；预计负债
7	公允价值类	公允；金融工具
8	信息披露类	补充披露；详细介绍；详细说明；信息披露；公司未来展望；披露义务；表外项目；缺少附注索引
9	内部控制类	内部控制；内控；实际控制人；会计差错更正；财务报表重述；舞弊
10	业绩奖励类	净资产收益率；净利润；净利率；股票期权；毛利率；亏损；激励；持股计划；分红；绩效；关键管理人员薪酬
11	行业及经营类	项目进展；主要子公司、参股公司分析；同行业；周转率；孙公司；竞争对手；经营模式；竞争优劣势；行业许可；行业资质；行业地位；季节波动；同业竞争；协同效应；上游；中游；下游
12	公司治理结构类	独立董事；离职；辞职；董事；监事；高管；审计委员会；股东大会；控制权；高管变动；换届；实际控制人
13	非关联股权变更类	资产出售；股权转让；重大资产重组；重大资产出售；股份出售；股权回购；业绩补偿；重组业绩承诺；业绩对赌；大股东减持
14	大股东掏空类	其他应收款；关联交易；担保；股权质押；资金拆借；占用上市公司资金；关联方；经营性占用；控股股东；输送
15	会计政策类	会计差错；会计政策变更；追溯调整；企业会计准则；会计估计变更；会计处理；跨期确认收入；跨期转结成本；套期会计；挂账；追溯重述；合并范围

续表

编号	具体类别	关键词
16	现金流量类	现金流；现金净流量；收到的现金；收回的现金；资金往来
17	审计类	非标准意见；发表专项意见；发表明确意见；非标准审计意见；年审会计师；会计师事务所；审计报告；发表核查意见；审计证据；审计程序；会计师发表意见；审计机构
18	客户供应商类	客户；供应商
19	税类	税
20	风险类	退市风险警示；汇率风险；投资风险；偿债能力；经营风险；公司债到期兑付；担保；票据结算风险；流动性风险；应收账款回收风险；抵押；质押
21	其他类	募集资金；委托理财；理财产品；保理；专利；生产技术；污染；环保；保荐机构核查；非经常性损益

附录 B　事件窗口关系图

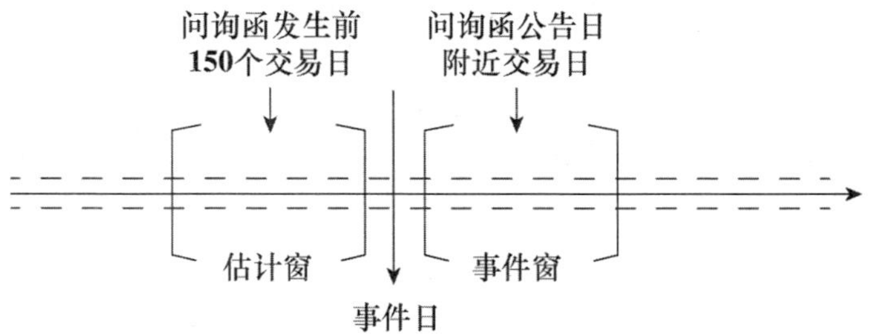

附录 C　与沪深交易所相关人员的访谈资料

A：回复者为上交所公司管理部某经理

（a）上市公司监管部或监管团队的构架是怎么样的？

上市公司监管一部和二部（原来为注册制准备的，后来都分流到了其他部门，目前十几个人，与一部一起做披露监督）。专项小组都是行业监管小组人员兼任。

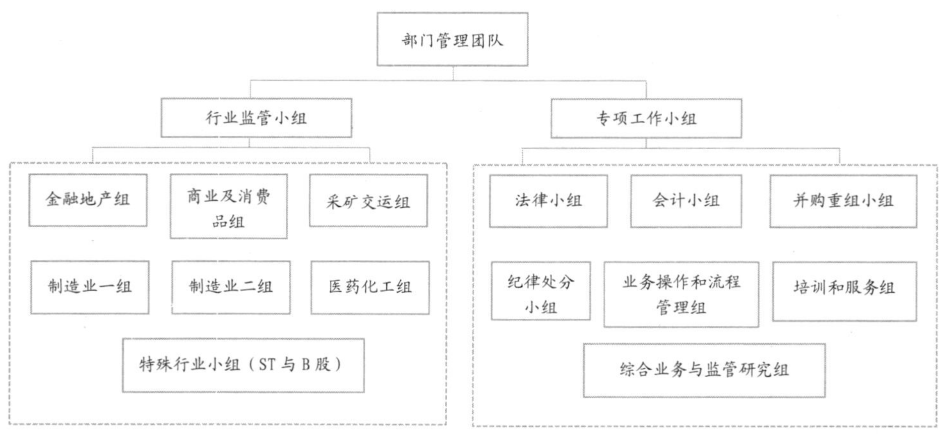

（b）一线监管员主要构成（如年龄、学历、专业背景等）如何？他们如何被激励？是否有些奖惩条例？

目前共 100 人左右，1/3 会计专业，1/3 法律专业，另外 1/3 是包括技术、金融、经济等其他专业的。基本没有与问询函直接的激励，因为这就是他们的本职工作。但如果该问的没问，最后出了问题，肯定要被批评。内部会有工作绩效评定，比如 20% 为 A，那么给谁，应该是部门领导掌握的。

（c）平均每年每个一线监管员会审核多少份年报？监管员完成年报问询函后，经过几层审批才最后发送给公司？平均而言，对于一个潜在问题公司，从年报审阅到提交上级经理到最后出具问询函的时间周期有多长？2013 年以来这些制度有变化吗？

工作模式：监管员根据各种线索（主要是媒体报道）汇报给行业小组的组长—组长每天参加晨会（监管员的线索加上他自己关注到的线索）进行讨论确定需要发函的公司—确定给哪些公司发函—监管员发函—复核人复核—行业小组组长—部门领导审核—监管员修改，复核人再复核—发出。

内部规定年报后两周发函，但不是非常强制的规定，一般 3 月可以，到了 4 月下旬集中年报披露肯定来不及，所以直到 5 月末甚至 6 月都有年报问询。另外，政治因素（比如“两会”期间）也会影响发函。

（d）在较短的时间内高质量完成审核，是否存在一些可借鉴的手段或工具？比如，事务所审计过程中，也有一些审计机器人辅助识别问题公司。

没有。

（e）在审核过程中，是否存在比例限制，比如，第一轮筛选出 40%，第二轮选取其中的 30% 进行发函？

假定一个监管人监管 20 家公司，最低标准上，关注公司大概 40%（8 家），在 8 家中，有 30%（2 ~ 3 家）问询。但这是基本标准，还要看监管的行业。比如，金融组的问询肯定很少，但 ST 组肯定远远超过。所以，基本上是该问的问，不该问的不问。关注的公司监管员会填写一个类似工作底稿的东西，表示关注。

（f）承接上一问题，如果存在多轮筛选，第一轮和第二轮甚至第三轮决策存在什么样的差异？比如，第一轮中监管员只考虑公司的基本面和相关问题，而第二轮中除了考虑问题的严重程度外，是否还会考虑一些其他要素，例如，企业的产权性质、所在地经济发展水平、所处的行业特征、国家的政策导向等？

无法作答。

（g）交易所集中披露年报问询函是在2015年之后，在2015年之前，交易所也在向问题公司发函，这些问询函有些被披露到市场，有些则没有。具有什么特质的问询函会（不会）被披露到市场？还是说，这是一个随机过程？

2015年发的对2014年年报的问询函，比较关注行业层面的问题（分行业监管伊始），针对性没有之后年份那么强。2014年年底前，披露得比较少。除非特别严重的问题，要求披露。

B：回复者为上交所公司管理部某一线监管员

（a）您所在交易所监管团队（公司管理部）的构架是怎么样的？

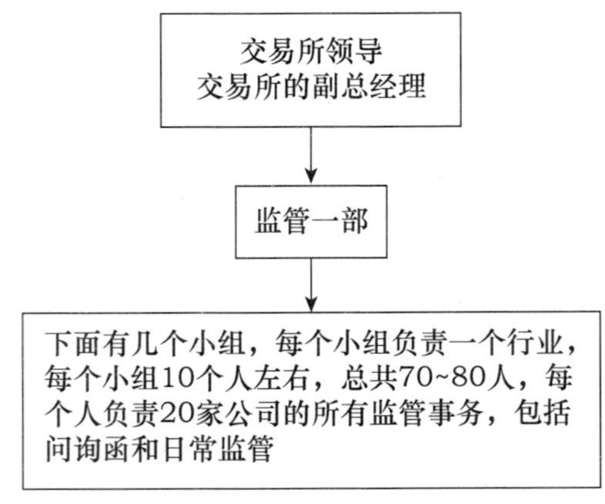

主要是监管一部负责主板的监管，二部人很少。上市公司的监管都在监管一部。分小组、分行业问询，不懂的可以问组长或者法律组的人员。如果一个人管某几个公司会一直管，一直由他负责。

（b）一线监管员主要构成（如年龄、学历、专业背景等）是怎样的？他们是如何被激励的？是否有些奖惩条例？

30 岁左右，主要是硕士，有一些博士，会计或者法律，一般是来自高校，人员流动性比较大。没有直接的激励，因为问询只是工作的一小部分，日常写研究报告等也是考核的一部分。同事之间可能相互比较，因为每个人都负责 20 个公司，问多少具有一定的可比性，会有一定的激励。没有明确的奖惩条例，自己也可以卸责，没有明确的激励。

（c）平均每年每个一线监管员会审核多少份年报？平均而言，对于一个潜在问题公司，从年报审阅到提交上级经理到最后出具问询函的时间周期在不同阶段分别有多长？2013 年以来这些制度有变化吗？

平均每年每一个一线监管员审核 20 份左右的年报，除了关注公司的年报，公司的日常监管也要该人员负责，会与公司有比较多的交流，包括正式的和非正式的私下的沟通，主要是与公司的董秘、财务总监或者副总经理沟通。事件不好说，因人而异，因公司风险、复杂程度而不一样，公司自己的公告，提前和交易所沟通，然后修改，然后披露。年报的披露有可能不沟通，而是直接问询，表明监管的态度。年报私下沟通也有，比较少，私下沟通也可以额外提供一些资料。2013 年之前的制度不太了解。

（d）在较短的时间内高质量完成审核，是否存在一些可借鉴的手段或工具？比如，在事务所审计过程中，也有一些审计机器人辅助识别问题公司。

因为长期负责监管这个公司，所以对这个公司的风险比较了解，没有借鉴手段或者工具，主要是凭借自己对这个公司一直以来的了解和关注。

(e) 在审核过程中，是否存在比例限制，比如，第一轮筛选出40%，第二轮选取其中的30%进行发函？

这个没有给出特别明确的比例，会给一个比较宽松的参考，20份里面问出3~4份。一般只筛选一轮。

(f) 承接上一问题，如果存在多轮筛选，第一轮和第二轮甚至第三轮决策存在什么样的差异？比如，第一轮中监管员只考虑公司的基本面和相关问题，而第二轮中除了考虑问题的严重程度外，是否还会考虑一些其他要素，例如，企业的产权性质、所在地经济发展水平、所处的行业特征、国家的政策导向等？

自己手上目前没有出现多轮的情形。自己在审核过程中，不会考虑其他的因素，主要还是基于对于公司风险的了解，针对风险进行问询。至于后续是否发函，由上级领导决策。

(g) 交易所集中披露年报问询函是在2015年之后，在2015年之前，交易所也在向问题公司发函，这些问询函有些被披露到市场，有些则没有。具有什么特质的问询函会（不会）被披露到市场？还是说，这是一个随机过程？

2015年换领导了，监管变得比较严格，领导的风格决定了很多事情，比如，问询得更多，披露得更多。每个领导都会有不同的风格。

C：回复者为深交所公司管理部某经理

(a) 您所在交易所监管团队（公司管理部）的构架是怎么样的？

总监—副总监—组长—监管员四层。

（b）一线监管员主要构成（如年龄、学历、专业背景等）是怎样的？他们是如何被激励的？是否有些奖惩条例？

人员任职要求可以从深交所网站招聘的公告中找到。平均年龄大约30岁，学历一般硕士以上，专业背景一般要求会计、法律专业。交易所鼓励工作业绩优秀的同事在专业职务和行政职务上晋升，并有相应的内部人力管理办法。

（c）平均每年每个一线监管员会审核多少份年报？平均而言，对于一个潜在问题公司，从年报审阅到提交上级经理到最后出具问询函的时间周期在不同阶段分别有多长？2013 年以来这些制度有变化吗？

这个问题很大程度上取决于一个监管员管多少家公司，不同部门人均公司家数不一样。时间周期可以根据公司披露年报到披露问询函回函的时间做一个测算。

（d）在较短的时间内高质量完成审核，是否存在一些可借鉴的手段或工具？比如，在事务所审计过程中，也有一些审计机器人辅助识别问题公司。

交易所注重科技监管，运用交易所和市场信息等大数据为提升信息披露质量提供有益补充。深交所已于 2016 年年底开始筹划企业画像项目，目前，深交所企业画像项目一期已投入使用。① 具体来看，围绕防风险、强监管、提效率三大目标，企业画像项目在打通数据的基础上，集成常用业务功能，在探索开发智能化应用上取得了新进展。目前，针对高风险公司及事项，深交所在风险识别、预警、处置等各个环节下苦功夫，真正让

① http：//stock. stockstar. com/SS2018101200013092. shtml.

一线监管成为“有牙齿的老虎”而非纸老虎。

(e) 在审核过程中，是否存在比例限制，比如，第一轮筛选出40%，第二轮选取其中的30%进行发函？

无固定比例限制。

(f) 承接上一问题，如果存在多轮筛选，第一轮和第二轮甚至第三轮决策存在什么样的差异？张育军（曾挂帅两个交易所）认为，转型中国证券市场的监管能力和监管效率不仅取决于市场制度建设和监管架构的设计，而且在很大程度上取决于市场运行所赖以存在的社会环境、产权结构、政策目标等诸多因素的影响和制约。交易所在监管过程中，会考虑被监管对象的产权结构、来自上层的政策目标吗？

更多地与领导的意志契合，无法详述。

(g) 交易所集中披露年报问询函是在2015年之后，在2015年之前，交易所也在向问题公司发函，这些问询函有些被披露到市场，有些则没有。具有什么特质的问询函会（不会）被披露到市场？还是说，这是一个随机过程？

以前是没有要求披露问询函的，但是后续随着监管措施和手段不断丰富，都会尽量要求公司披露问询函回函内容。目前而言，年报问询函函件本身一般可以不用披露，但是公司的回函一般都会要求对外披露，公司披露回函的时候，问询函中问询的问题自然就能在回函里看到了。

D：回复者为深交所公司管理部某一线监管员

(a) 您所在交易所监管团队（公司管理部）的构架是怎么样的？

监管员、组长、副总监、总监，共四个层级。

（b）一线监管员主要构成（如年龄、学历、专业背景等）是怎样的？他们是如何被激励的？是否有些奖惩条例？

一线监管员至少本科学历，大多硕士毕业，会计与法律专业居多。在激励方面，问询绩效会纳入季度和年度考核。

（c）平均每年每个一线监管员会审核多少份年报？平均而言，对于一个潜在问题公司，从年报审阅到提交上级经理到最后出具问询函的时间周期在不同阶段分别有多长？2013 年以来这些制度有变化吗？

每个监管员大概分管 20 家公司，出具问询函时间视具体情况而定，平均而言，两周左右。

（d）在较短的时间内高质量完成审核，是否存在一些可借鉴的手段或工具？比如，在事务所审计过程中，也有一些审计机器人辅助识别问题公司。

公司监管部门开发了审核系统，借助系统完成一些基础审核工作。

（e）在审核过程中，是否存在比例限制，比如，第一轮筛选出 40%，第二轮选取其中的 30% 进行发函？

无固定比例限制。

（f）承接上一问题，如果存在多轮筛选，第一轮和第二轮甚至第三轮决策存在什么样的差异？张育军（曾挂帅两个交易所）认为，转型中国证券市场的监管能力和监管效率不仅取决于市场制度建设和监管架构的设计，而且在很大程度上取决于市场运行所赖以存在的社会环境、产权结构、政策目标等诸多因素的影响和制约。交易所在监管过程中，会考虑被监管对象的产权结构、来自上层的政策目标吗？

无法作答。

（g）交易所集中披露年报问询函是在 2015 年之后，在 2015 年之前，交易所也在向问题公司发函，这些问询函有些被披露到市场，有些则没有。具有什么特质的问询函会（不会）被披露到市场？还是说，这是一个随机过程？

2015 年之前了解不多，2015 年之后问询函都要求公开披露。

附录 D　与问询函相关的其他工作论文及其摘要

1. Information Asymmetry, Regulatory Inquiry, and Company Mergers and Acquisitions: Evidence from the Chinese Inquiry Letters

Abstract: Using the merger and acquisition (M&A) inquiry letters of Shenzhen Stock Exchange from 2015 to 2016, we investigate the governance effect of Chinese M&A inquiry letters on company M&A deals. The results show that: First, companies with more severe information asymmetry are more likely to receive M&A inquiry letters. Second, compared with companies not receiving any inquiry letter, companies receiving at least one inquiry letter demonstrate a lower success rate of M&A. Third, compared with companies not inquired and successfully completing M&A deals, companies inquired and inquired more based on the content of the inquiry letter exhibit better long – term M&A performance, and the above long – term governance effects are stronger in cross – industry and cross – regional samples. We further identify the detailed mechanisms how M&A inquiry letters affect the inquired firms' long – term performance, and find the inquiry letters significantly improve the quality of the information disclosure as well as the quality of internal control of the inquired firms. Our paper provides direct evidence on the effectiveness of government regulation in transition economies from the perspective of M&A inquiry letters, and also provides important policy implications for further regulation reform in transition economies.

Key words: Information Asymmetry, Inquiry Letters, Merger and Acquisition, Regulatory Effectiveness

2. Tunneling by Block Shareholders and the Role of Comment Letters in China

Abstract: This paper investigates the impact of the regulation changes regarding information disclosure using annual report comment letters on the tunneling behaviors of block shareholders in Chinese listed firms. This change recently separated the roles of regulator monitoring and market power in terms of corporate governance. The empirical results show that firms with a higher level of tunneling behavior among block shareholders are more prone to receive comment letters. It is further shown that this tunneling behavior is reduced once the firm receives a comment letter, and this reduction is more pronounced if the comment letter refers to the specific tunneling behaviors of the block shareholders. The results further demonstrate the existence of spillover effects, namely, that other firms' tunneling is significantly reduced if they have the same block shareholder as the firm under enquiry. Moreover, it is shown that the monitoring role of comment letters is more pronounced for firms with weak internal controls and a balanced ownership structure than for those with strong internal controls and an unbalanced ownership structure.

Keywords: Comment Letters, Tunneling by Block Shareholders, Internal Control, Spillover Effect

3. Comment Letter and Auditor's Conservatism

Abstract: With a sample of 8, 204 firm – year observations from 2014 to 2016 in Chinese capital market, we study how auditors respond to potential supervision risk when their clients receive comment letters from the stock exchanges. Empirical results show that auditors tend to issue modified or conservative audit opinions to clients who receive comment letters in the previous year. Auditor' s conservatism is especially pronounced when there are more questions in the comment letters or when the auditors are required to clearly address some issues as required in the comment letters. Further, we proxy clients' risks by restatement of financial reports, poor internal control and lawsuit involvement and find that clients' risk will enhance auditors' conservatism when the clients are issued with comment letters.

Key Words: Comment Letters, Supervision Risk, Auditor's Conservatism

4. Public Information and Investor's Pricing: Evidence from Chinese Annual Reports Comment Letters

Abstract: The premise of investors' accurate pricing is sufficient and real information acquisition and interpretation. Unlike other potentially biased public information such as media reports, analysts' research reports, the information directly provided by the government is more reliable and credible. Based on the Annual Reports comment letters, this paper studies the impact of government's public disclosure of regulatory information on investors' long – term pricing. The empirical results show that the comment letters provide incremental information for the capital market and the future costs of equity capital are improved significantly. Furthermore, when the comment letters contain more questions or when the exchanges request a third party to issue opinions, the costs of equity capital are even higher. In cross – sectional test, we find that the positive relation between comment letters and the costs of equity capital is influenced by the external marketization level and internal corporate governance. Additionally, we test the sample of 2012 – 2013 in which the comment letters are not publicly available, and find the significant relation between the costs of equity capital and comment letters disappears. Our research not only emphasizes the importance of public disclosure of regulatory information, but also provides empirical evidence for the effectiveness of the first – line regulatory actions of the Exchanges.

Key words: Annual Reports Comment Letter, the Costs of Equity Capital, First – line Regulatory

5. Disclosure of Regulatory Information and Creditor Pricing Decision: Evidence from Chinese Comment Letters

(Already published in China Journal of Accounting Studies)

Abstract: Using Chinese comment letters data, we investigate the impact of the disclosure of comment letters on the cost of debt financing. Empirical results show that when the comment letters are publicly disclosed, creditors charge borrowers significantly higher cost of debt financing. Furthermore, when more questions or risk factors are contained in the comment letters or when professional opinions from a third party are requested to issue, the cost of debt financing is further higher. However, when the comment letters are not publicly disclosed, the cost of debt financing is not affected. In cross - sectional test, we find that the degree of regional market development and the characteristics of debtor both affect the relationship between cost of debt financing and comment letters. Our research not only supplements the literature on the economic consequences of comment letters from the perspective of information effect, but also reveals the importance of public disclosure of regulatory information in semi - strong efficient market.

Key words: Front - line Regulation, Comment Letters, Information Effect, Cost of Debt Financing

6. Public Information Disclosure and Private Information Collection of Investors: Evidence from Chinese Comment Letters

Abstract: How public information disclosure affects investors' private information collection has always been a controversial topic in the field of finance. On the one hand, the disclosure of public information reduces the cost of private information collection and motivates investors to further collect private information.

On the other hand, the disclosure of public information reduces the marginal benefits of collecting private information, thus mitigating investors' motivation to further collect private information. We examine the impact of public information disclosure on investors' private information collection by using Chinese comment letters data of Shanghai and Shenzhen Stock Exchange and the Fama – French five – factor model. The results show that the public disclosure of the exchange comment letter significantly encourages investors to further explore the company's private information, and the motivation of investors to further explore the company's private information is stronger when the comment letter involves more questions and the depth of reply is higher. However, when the comment letters are not publicly disclosed, investors' private information collection is not affected. Cross – sectional tests show that the incentive effect of public disclosure of exchange comment letters on investors' private information collection only occurs in sample firms with higher cost of information acquisition and worse transparency. Path tests show that the public disclosure of exchange comment letters attracts more visits from investors, while the private disclosure of exchange comment letters does not have a significant impact on investors' visits. This study not only reveals the importance of disclosure of government regulatory information, but also provides incremental micro – evidence for the current effective market and effective government debates.

Key words: Public Information Disclosure, Private Information Collection, Comment Letters, Five – Factor Model, Effective Government

7. Are Comment Letter and Its Disclosure Vital to Analysts' Forecasts? Chinese Evidence

Abstract: Taking Chinese listed companies from 2013 to 2017 as our sample, we investigate the influences of annual report comment letters on analysts' forecast accuracy. The results show that comment letters disclosed to the market are positively associated with the forecast accuracy of analysts, but comment letters not disclosed to the market have no significant impact on the forecast accuracy of analysts. The improving effect of comment letters on analysts' forecasts is positively correlated with the breadth or depth of comment letters. Further tests show that the improving effect of comment letters on analysts' forecasts is pronounced for non – star analysts or for analysts who follow companies with higher performance volatility. We also find analysts' optimum decreases and more analysts will follow after a company receives a comment letter. Our paper reveals the importance of disclosure of regulatory information from the perspective of analysts' forecasts, and also provides incremental evidence for effectiveness of comment letter system in emerging capital market.

Key words: Public Information Disclosure, Comment Letters, forecast accuracy